FILHOS
EDUCADOS E FELIZES

COM A SABEDORIA ORIENTAL MILENAR

MARCOS AKIO ISHIDA

FILHOS EDUCADOS E FELIZES

COM A SABEDORIA ORIENTAL MILENAR

PandorgA

2014

Coordenação Editorial	**Silvia Vasconcelos**
Preparação	**Project Nine**
Projeto gráfico e Diagramação	**Project Nine**
Capa	**Project Nine**
Revisão	**Project Nine**

Texto de acordo com as normas do Novo Acordo Ortográfico da Língua Portuguesa (Decreto Legislativo nº 54, de 1995)

Dados Internacionais de Catalogação na Publicação (CIP)
(Câmara Brasileira do Livro, SP, Brasil)

Ishida, Akio
Filhos educados e felizes com a sabedoria oriental milenar / Akio Ishida. -- Carapicuiba, SP : Pandorga Editora e Produtora, 2014.

1. Espiritualidade 2. Filosofia oriental 3. Sabedoria I. Título.

14-04620 CDD-291.4

Índices para catálogo sistemático:
1. Sabedoria oriental : Espiritualidade : Religiões 291.4

2014
IMPRESSO NO BRASIL
PRINTED IN BRAZIL
DIREITOS CEDIDOS PARA ESTA EDIÇÃO À
EDITORA PANDORGA
Avenida São Camilo, 899
CEP 06709-150 - Granja Viana - Cotia - SP
Tel. (11) 4612-6404
www.editorapandorga.com.br

Sumário

INTRODUÇÃO

A educação do filho é uma atribuição extremamente importante e indispensável de todos os pais. Entretanto, a verdadeira educação não se trata de ensinar as crianças com palavras, utilizando artimanhas diante de cada situação, ora dando-lhes bronca, ora repreendendo-as, ora castigando-as, inclusive fisicamente, com intuito de corrigir lhes um desvio de comportamento.

Lembre-se do provérbio popular: "Faça o que eu falo e não faça o que eu faço", o que se trata de uma educação totalmente equivocada. Os filhos crescem espelhando-se nos pais; portanto, antes de iniciar a educação deles, os pais devem conhecer a forma correta de educá-los, por meio de exemplos, conforme citado neste livro.

A Sabedoria Oriental revela os segredos milenares da educação em todos os capítulos desta obra, desde a concepção até a fase infantil, quando se consolida a característica de individualidade da pessoa, enfatizando a importância de os pais buscarem aprimoramentos espirituais, assim como preservarem a saúde, a harmonia e a estabilidade econômica na família.

Nesse aspecto, o livro destina-se às pessoas de todas as idades e sexos, independentemente se casadas ou não, terem filhos ou não, proporcionando-lhes uma vida feliz, cheia de sucesso, saúde e prosperidade.

Para os casais que têm filhos, a Sabedoria Oriental Milenar direciona-se ao êxito na educação deles, criando crianças inteligentes, saudáveis, benevolentes, o que resultará em uma grande personalidade no futuro.

Por favor, eduquem o seu filho com a Sabedoria Oriental Milenar.

1
FASE DA GESTAÇÃO

01

PREPARATIVOS PARA A EDUCAÇÃO DOS FILHOS

Existe a "regra de compatibilidade" que rege a vida de todas as pessoas, a qual determina a atração de semelhantes. Assim, uma criança nasce em uma família na qual os pais são semelhantes a ela e, logicamente, os pais atraem uma criança que é semelhante. Por essa razão, caso se queira um filho maravilhoso, é necessário que os pais busquem autoaprimoramento, antes de ter o filho.

Da mesma forma, na vida da pessoa, aproximam-se somente os fatos similares, seja ela a riqueza ou a pobreza, a saúde ou a doença, a sorte ou a má sorte, e assim por diante.

Educar o filho não se trata de repreendê-lo, usando artimanhas diante de cada situação para controlar a criança ou deixar a educação por conta da escola.

A escola ensina as disciplinas escolares, e não a educação em si, embora qualquer criança receba influências da escola, dos colegas, em casa e em todos os meios em que vive, porém as influências que recebem dos pais são determinantes. Isso porque, além de serem semelhantes aos pais, para o filho eles são referências para tudo.

Não basta simplesmente "fazer" o filho e esperar que ele seja um bom filho. O filho será igual aos pais, por isso a responsabilidade pela paternidade e pela maternidade é bem maior do que muitos imaginam.

A educação do filho começa com a educação dos próprios pais. Assim como a felicidade e a saúde dele, dependerão unicamente dos pais.

Na verdade, todo o ser humano possui dentro de si algo infinitamente perfeito e extraordinário, dotado de uma grande inteligência e amor. A educação do filho consiste em trazer à tona essas qualidades.

Ninguém nasceu neste mundo para sofrer, mas, por que existem tantas doenças, infortúnios, mortes, pobrezas, brigas, guerras e acidentes? Você, caro leitor, saberia responder?

Uma vez, um discípulo perguntou ao mestre Sakyamuni (Buda): *"Porque existem tantas desgraças, pobrezas, doenças, neste mundo?"*.

Antes da resposta do mestre, caro leitor, responda-me às perguntas abaixo:

- Por que existem tantas pessoas que não conhecem a matemática?
- Por que existem tantas pessoas que não conhecem a eletricidade?
- Por que existem tantas pessoas que não conhecem a informática?

Acredito que a resposta do leitor é a mesma do mestre, que respondeu à questão apenas com uma palavra: "Ignorância!".

Por se tratar de um assunto extremamente importante, vou repetir a mesma pergunta: "Por que existem tantas desgraças, doenças, pobrezas, calamidades, brigas, crianças doentes, adolescentes revoltados, sofrimentos e mortes nesta vida?"

A resposta do mestre é: "*Ignorância!*"

Portanto podemos concluir de que a doença, a pobreza, o insucesso, a infelicidade, a briga, a doença da criança, o filho problemático, a desarmonia conjugal e outras desgraças são causados por desconhecimento das "regras" que regem nossas vidas.

Da mesma forma, muitas pessoas não conhecem a eletricidade por desconhecimento das "regras" da eletricidade.

Desejo profundamente que o leitor, ao ler este livro, absorva perfeitamente às regras aqui contidas, para nunca mais ter de sofrer com as doenças, os acidentes, as desarmonias, as brigas, as doenças dos filhos e outras desgraças da vida. E, acima de tudo, conhecer o segredo milenar da educação, para criar um filho saudável e extraordinário em todos os sentidos.

Viver a vida sem buscar os conhecimentos e sem nada aprender faz o ser humano permanecer estagnado e sem nenhum progresso, levando-o a perder a grande oportunidade na vida, além de sujeitarem-se às inúmeras desditas, doenças e calamidades que poderão acontecer na vida dele e de seus familiares.

A maioria das pessoas desconhece as regras da natureza, que regem a vida de todas elas, por conseguinte, vivem com o temor de um dia contrair uma doença incurável que causam sofrimentos insuportáveis. Também desconhecem a melhor forma de educar os filhos, assim como os eventuais acontecimentos que poderão causar desgraças irreparáveis.

Para quem conhece a mecânica de automóvel, é muito fácil detectar o defeito e consertá-lo, sem problema ou sofrimento, diferente das pessoas que temem por eventuais problemas que o veículo possa apresentar durante uma viagem na estrada, por desconhecerem a mecânica do carro.

Da mesma forma, quem conhece a Sabedoria Oriental Milenar saberá educar o filho do melhor modo possível, assim como manter a saúde, a riqueza, a harmonia, a proteção e viver muito feliz.

Se quiserem filhos saudáveis, os pais devem viver em harmonia com todas as pessoas. Toda e qualquer anomalia do filho provém do estado mental dos pais. Por isso, procure criar desde agora um grande amor em sua mente, para que possa amar e respeitar as pessoas, principalmente os familiares mais próximos. Nunca use palavras ásperas, assim como palavras agressivas e ofensivas.

Os casais que vivem praticando atos ilícitos, brigas, maldades, desonestidades, extorsões, abusos, desrespeitos, certamente conceberão filhos semelhantes, seguindo a regra da compatibilidade. Portanto, recomendo que vivam da forma mais honesta possível com todas as pessoas.

Por essas razões, a própria pessoa precisa aprimorar-se em primeiro lugar, o quanto antes possível. Se quiser um filho que ame os pais, estes precisam amar seus pais e seus ancestrais. Se quiser que os filhos sejam felizes, os pais devem ser felizes, vivendo sem brigas e amando-se reciprocamente. Não se deve rejeitar um filho, nem pensar em aborto ou em divórcio, para nunca causar um grande transtorno para os filhos.

A maior parte das pessoas fazem preparativos materiais para a chegada do filho, comprando enxoval, móveis, guardando dinheiro etc., e também se preocupam com o orçamento familiar para sustentá-lo. Se esse for seu problema, não se preocupe, pois todas as criaturas trazem consigo a bagagem de autossustento conforme o seu mérito.

Após esse conhecimento indispensável a todos os pais, vamos agora conhecer como ocorre o enigma da concepção.

Sabemos que existem algumas pessoas que, apesar de não quererem engravidar, acabam engravidando facilmente. Outras pessoas o querem e não conseguem, mesmo com tratamentos muito onerosos. Sabe por quê? Caro leitor, você saberia responder? Vamos prosseguir o assunto no próximo capítulo.

02

COMO OCORRE A CONCEPÇÃO

Muitas pessoas pensam que a concepção é simplesmente o resultado de uma relação sexual na época fértil da mulher, porém não é assim tão simples.

O feto não é um ser constituído somente de matéria. Nele existe uma "vida", e esta possui a mente. O feto, mesmo sendo ainda um embrião, é um ser humano igual a todos nós, e sente a dor, o medo, a preocupação, vivenciando todos os sentimentos como nós, além de sentir e reconhecer todos os pensamentos dos pais. Se os pais brigarem entre si ou com alguém, o feto sentirá muito medo, a tal ponto de isso se refletir gravemente na sua saúde.

Essa vida do feto também é conhecida como "alma" ou "espírito". A vida de uma pessoa não acaba com a morte do corpo material, pois vive eternamente, com vestimenta astral ou espiritual. Tais vestimentas são reflexos mentais, e não a essência da vida. Mesmo com a vidência, é impossível visualizar a essência da vida, da mesma forma que não será possível visualizar a vida contida na semente das árvores ou das plantas.

A alma das pessoas, mesmo após a morte, continua viva sem nenhuma alteração, mesmo sem o corpo carnal. Muitas pessoas pensam que, ao morrerem, estarão livres dos sofrimentos e viverão no paraíso. Lamento dizer que isso não é verdade. Desse modo, se morrer doente, continuará doente; se morrer sofrendo, continuará sofrendo. Os malfeitores aqui na Terra continuarão exercendo seu papel no mundo espiritual.

As almas renascem e se alojam nos embriões, seguindo a regra da compatibilidade (semelhança).

Existem almas doentes, malévolas, malfeitoras, vingativas, inteligentes, elevadas, benfeitoras, malignas, pecadoras, musicistas, médicas e de todos os tipos que se possa imaginar.

Para as almas que nascerem aqui na Terra, elas terão uma grande oportunidade para passar por uma nova experiência, que lhes proporcionará uma rápida evolução ou uma degradação em nível espiritual, dependendo do seu comportamento na vida terrena.

Milhões de almas estão esperando uma oportunidade para renascer aqui na Terra. E tais nascimentos são regulados pelas regras das compatibilidades. Portanto, o filho que nascer em determinada família será semelhante ao casal, na ocasião da concepção.

Uma historinha:

Uma vez, um homem passava em frente a uma churrascaria, quando ele sentiu um cheiro muito gostoso de churrasco e, por um momento, ficou parado em frente à porta, deliciando-se com o cheiro que vinha lá de dentro.

Nesse momento, o dono da churrascaria apareceu na porta e, vendo o homem parado, perguntou a ele:

– O que você está fazendo aí?

O homem respondeu:

– Estou me deliciando com o cheiro gostoso de churrasco!

O dono da churrascaria disse:

– Ah! Então você precisa me pagar por deliciar-se com o cheiro da minha churrascaria!

O homem retirou do bolso um saquinho com moedas e balançou-o no ouvido do dono da churrascaria.

– O que é isso? – perguntou assustado o dono da churrascaria.

– Eu estava apenas sentindo o cheiro do churrasco, então para você só basta o som produzido pelas minhas moedas.

Fim.

Alguns instantes antes da concepção, quando a alma se instala no óvulo, inicia-se assim uma nova vida aqui na Terra. A partir desse momento, não haverá justificativa alguma para realizar o aborto, sem causar danos ao embrião.

O espírito que se aloja no feto é semelhante aos pais em todos os sentidos, por isso não se justifica culpar os pais pela situação em que vivem. Cada pessoa ocupa, neste mundo, posições e situações conforme o seu merecimento, a sua personalidade e o seu passado.

Uma historinha milenar:

Em uma colônia de ratos, um casal dominante (chefe dos ratos) tinha a filha rata mais linda entre todas as ratazanas, por isso era cobiçada por todos eles, os jovens da comunidade.

O pai, que era o chefão dos ratos, não queria que a filha linda casasse com qualquer rato do bueiro ou do esgoto, e decidiu oferecer a linda rata para o ser mais importante do mundo.

Procurou o Sol e disse:

– Senhor Sol! Ao senhor, que é o mais importante deste mundo, desejo oferecer a minha filha mais linda entre todas as ratazanas, para se casar com ela.

O Sol respondeu:

– Eu não sou o mais importante do mundo! Por mais que eu brilhe, as nuvens não me permitem que passe meus raios e nem meu calor por entre elas, por isso o mais importante são as nuvens.

Procurou as nuvens e disse:

– Disseram-me que as nuvens são as mais importantes do mundo, por isso desejo oferecer a minha linda filha para casar com o seu filho.

A nuvem respondeu:

– Não sou o mais importante do mundo! Por mais que pretenda ficar em certos lugares, o vento me leva para locais a que não pretendo ir, por isso o mais importante é o vento.

Procurou o vento e disse:

– Disseram-me que o senhor é o mais importante do mundo, por isso desejo oferecer a minha filha mais bonita entre todas as ratazanas do mundo, para se casar com ela.

O vento respondeu:

– Não sou o mais importante do mundo! Por mais que eu vente, o muro não me deixa passar, por isso o mais importante é o muro.

Procurou o muro e disse:

– O senhor que é o mais importante do mundo; desejo oferecer-lhe a minha filha para se casar.

O muro respondeu:

– Não sou o mais importante! Por mais que eu pretenda ficar inteiro, os ratos me roem e abrem em mim um buraco, por isso eles são os mais importantes do mundo.

O chefão dominante dos ratos, que é o pai da moça, escolheu o rato do esgoto e disse:

– A você que é o rato mais importante do mundo, ofereço a minha filha mais linda entre todas as ratazanas, para o casamento.

Assim todos viveram felizes.

Fim

Acredite! Os seus pais são os melhores pais do mundo; a sua esposa é a melhor esposa do mundo, se tiver apenas uma esposa (é gracejo); a sua casa é a melhor casa do mundo; o seu emprego é o melhor emprego do mundo; a sua situação atual é a melhor situação para o seu crescimento.

Quando a criança nasce com algum problema ou contrai uma doença, não se trata de uma moléstia que surgiu casualmente. Trata-se da influência da postura e do comportamento dos pais, o que causa todos os tipos de doenças e anomalias na criança.

Por essa razão, antes de se preocupar com a concepção, é preciso que os próprios pais se autoeduquem, aprimorem-se, buscando os conhecimentos por meio da Sabedoria Oriental Milenar, a fim de não prejudicarem o "pequeno feto" por falta de conhecimentos.

Embora estejamos no século XXI, a humanidade continua com problemas insolúveis, como a fome, a pobreza, os conflitos armados, as guerras, as vantagens competitivas entre as nações, as crises econômicas, as doenças incuráveis, os terrorismos etc.

Portanto, não basta simplesmente gerar mais um filho; é preciso que as próximas gerações sejam formadas por pessoas com elevados níveis espirituais, para solucionar inúmeros problemas existentes no mundo.

Para tanto, você, caro leitor, eleve-se e aprimore-se constantemente para atrair almas elevadas na concepção, objetivando que a futura geração seja composta de elementos que tenham grande amor no coração, a fim de auxiliar a consolidar um mundo mais humano e fraterno.

03

AS CAUSAS DA DIFICULDADE PARA ENGRAVIDAR

O homem é um ser que possui vida e mente, utilizando-se de uma vestimenta material, no caso o corpo carnal (físico), para viver neste mundo material.

A vida do homem e a do feto não é constituída unicamente de matéria (corpo carnal); existe uma vida (alma) que jamais acaba com a morte do corpo carnal.

A concepção não ocorre automaticamente com o ato sexual, por envolver a vida (alma) de um ser humano, que possui a mente para analisar, avaliar, escolher, decidir, e cujo direito é assegurado pela natureza (livre-arbítrio); ninguém é obrigado a aceitar o que não quer.

A fecundação segue o princípio da regra da compatibilidade; entretanto, o feto, por ser "humano", poderá não aceitar determinado casal para que sejam os seus pais, se julgá-los incompatíveis com o seu desejo.

As causas que levam uma pessoa a ter dificuldades em engravidar, na maioria dos casos, não decorrem das deficiências físicas ou materiais.

Quais seriam, então, os motivos que levam uma mulher a não engravidar? Caro leitor, qual é a sua opinião? Saberia me dizer a causa?

Na verdade, não se podem generalizar as causas, pois cada caso é um caso e depende de cada alma e de cada casal, porém uma coisa é certa: o casal, ou um dos cônjuges, poderá afastar a alma da criança, com valores que diferem do desejo dela que pretende nascer.

Há muitos anos, conheci um casal que não possuía filhos, após muitos anos de casados. Ele me disse que o exame médico constatou que jamais poderia ter um filho, porém, com apenas uma única explicação que lhe dei no meio da rua, a esposa engravidou e, hoje, ambos têm quatro filhos.

São nocivos os pensamentos referentes à:

- pensar que a vida não vale a pena ser vivida;
- o filho ser produto da relação sexual dos pais;
- rejeição ao marido ou ao pai, ou a alguma pessoa do sexo masculino;
- julgar ser melhor que o(a) seu(sua) companheiro(a);
- não gostar da criança ou pensar em aborto;
- inconscientemente acreditar que o filho causaria muitos gastos e trabalhos;
- ter ciúmes exagerado do(a) companheiro(a);
- viver em desarmonia constante;
- rejeitar a sua esposa, a mãe ou alguma pessoa do sexo feminino.

Tais pensamentos poderão afastar a "alma" que queira nascer, pois ninguém gostaria de vir ao mundo em uma família para ser rejeitado e maltratado.

Diferente dos casos de pais malévolos, que poderão atrair uma criança com espírito malfazejo, seguindo a regra da compatibilidade (semelhança). Respeitando-se o mesmo raciocínio, se o pai é cantor, poderá atrair um filho cantor; o pai empresário poderá atrair um filho empresário; o pai artista poderá atrair um filho com dom de artista, e assim por diante.

Se um dos elementos do casal apresentar rejeição muito forte a alguma pessoa da família ou ao seu companheiro(a), nesta família haverá a tendência de não nascer uma criança do mesmo sexo da pessoa rejeitada.

No caso de casal ter dois filhos do sexo masculino e pretender a terceira criança do sexo feminino, isso poderá ser quase impossível, caso não se corrijam as eventuais rejeições citadas acima. Não basta simplesmente querer ou tentar pela sorte. Neste caso, recomenda-se: em primeiro lugar, converse francamente com o companheiro se existe algum tipo de ressentimento em relação a ela ou a alguém do sexo feminino da família ou dos parentes. Se houver, é necessário perdoar a essa pessoa e harmonizar-se com ela, repetindo diversas vezes a frase a seguir:

"Eu amo você e nos tornamos amigos para sempre."

Vale repetir essa frase até sentir simpatia e afeição pela pessoa. Depois, faça o seguinte pedido na oração.

"Agradeço profundamente se alguém do sexo feminino nascer na minha família."

Com tal prática, haverá grande possibilidade de, a terceira criança ser do sexo feminino.

Uma historinha:

Certa vez, uma senhora aproximou-se de mim, após a minha palestra, e disse:

– Gosto de crianças e estou fazendo um tratamento para ter filhos há muito tempo, mas mesmo assim não consigo engravidar!

Perguntei-lhe então:

– E o seu marido, o que ele acha disso?

– Ah! – ela me respondeu. – Ele é um cafajeste, fica paquerando todas as mulheres do bairro! E as mulheres também são sem-vergonha, sabem que ele é meu marido, dão bola para ele! Por isso, brigamos todos os dias!

Perguntei-lhe novamente:

– Realmente a senhora pretende ter um filho?

– Sim! Lógico, por isso estou gastando um dinheirão no tratamento. Mas é possível?

Respondi:

– Sim, desde que a senhora faça o que eu disser.

Ela respondeu:

– Eu prometo. Faço qualquer coisa que o senhor mandar.

– Não! Não precisa fazer qualquer coisa! Basta, de agora em diante, repetir esta frase todos os dias. – E anotei-a no papel: "O meu marido é o melhor marido do mundo".

Cerca de dois meses depois, a mesma senhora me ligou toda eufórica e me disse:

– Professor! Estou grávida, estou grávida! Professor, obrigada! Além disso, o meu marido tornou-se o melhor marido do mundo!

Fim.

Como já disse no início, a concepção não se realiza automaticamente com o ato sexual. Quando existe algum impedimento emocional muito forte, como no exemplo acima, o espírito que daria a vida ao feto não vai querer nascer naquela determinada família.

Há muitos anos, conheci um casal e ambos faziam tratamentos por longos anos, para ter um filho, mas infelizmente não tiveram êxito. Eu me sinto muito mal quando vejo algumas pessoas com problemas e acabo interferindo sem ser chamado, e falei para o rapaz:

– Como está o tratamento que você e sua esposa estão fazendo para ter um filho?

Ele me respondeu:

– Nós paramos porque já temos uma filha!

– Verdade? Então o tratamento deu certo?

Ele, meio constrangido, respondeu:

– Não! Adotamos uma menina!

Eu comentei:

– Que ótimo! Eu ia lhe dar uma "dica" para engravidar, mas agora não precisa mais.

Ele respondeu:

– Não, eu quero mais filhos! Mas é possível? Qual é a "dica"?

Eu falei:

– Antes eu quero que você saiba que, neste mundo, nada acontece por coincidência. A sua filha adotada, mesmo que não seja do mesmo sangue, não deixa de ser uma filha verdadeira. A menina nasceu para ser adotada por vocês, por isso cuide dela como uma filha verdadeira para sempre.

Com a concordância dele, expliquei-lhe a postura correta de um casal para ter um filho.

Logo em seguida, a esposa engravidou e teve um lindo menino.

Infelizmente, conheci um casal sem filhos que adotou uma menina e logo depois tiveram vários filhos e uma filha. Então, a menina adotada, desde tenra idade, tornou-se uma "doméstica gratuita" em troca de moradia e das broncas intermináveis. Não consigo conter as lágrimas toda vez que me lembro dessa menina.

Felizmente, neste mundo, existem as "regras de causas e efeitos", permanentes e invioláveis, as quais regem em todas as pessoas para estabelecer a justiça. Assim, principalmente as pessoas que abusam das crianças haverão de arcar com as consequências terríveis e inimagináveis por diversas encarnações. No próximo capítulo, abordarei o procedimento correto para se engravidar.

04

COMO ENGRAVIDAR

A maioria das pessoas pensa que é normal ter um filho, uma casa, um emprego, um carro, a saúde, a visão... E nada de agradecer, porque acham que tudo é normal.

Reconhecer o valor do emprego, após ser demitido, será tarde demais. Perder a casa que tanto reclamou e ter de morar no barraco, aí será tarde demais.

Uma historinha verídica:

Uma vez, um repórter perguntou para uma senhora:

– O que mais a senhora quer na vida?

Ela respondeu:

– O que eu mais quero é um banheiro dentro de casa.

O repórter perguntou:

– Na sua casa não tem banheiro?

Ela respondeu:

– Não, senhor, eu moro na "barraca".

O repórter perguntou novamente:

– Como a senhora faz?

Ela respondeu:

– Sabe, senhor, é um sacrifício muito grande que o senhor nem imagina! Tenho que sair correndo no meio do mato, até achar um lugar, mas todo lugar está cheio de monte. Principalmente quando chove é muito triste. O senhor pode imaginar?

Fim.

Ninguém pode imaginar o sofrimento de um casal que não consegue ter um filho. Por isso, com muito amor e muita compaixão, pretendo transmitir uma pequena "dica" da Sabedoria Oriental Milenar que poderá resultar em uma solução definitiva para que se concebam quantos filhos quiser.

Vamos imaginar que "EU" (espírito) pretendo nascer em uma determinada família. Naturalmente, o "EU" sou uma vida humana que possui mente, que pensa, analisa e tem direito de escolher o que deseja. Por isso, jamais nasceria em uma família que vive brigando, para ser maltratado e rejeitado.

O nascimento de uma vida neste mundo é regulado pela regra da compatibilidade (semelhanças), que impossibilita a escolha nesse sentido, entretanto, é de livre-arbítrio a escolha de uma família, entre as diversas famílias de sua semelhança. Além do mais, também cabe a decisão de querer nascer neste mundo material ou continuar no mundo das almas (ou espiritual), embora exista enorme exuberância de almas com desejo de nascer neste mundo.

Vejamos agora que tipos de família as almas escolheriam para nascer, logicamente de acordo com os critérios de semelhança e mérito. Vamos conhecer uma historinha milenar?

Uma historinha milenar:

Há muitos e muitos anos, morava um ancião muito querido e estimado, em um vilarejo muito famoso, pela grande quantidade de pés de cerejeiras que ali existia.

Na época da floração, era de costume a visitação da comitiva do reinante que vinha de muito longe.

Em uma época em que ocorreu uma grande mudança climática na região, antes mesmo da floração, chegou a comitiva do Rei.

O ancião, muito preocupado, recolheu as cinzas do forno no saquinho e subiu na árvore de cerejeira. Esperou alguns momentos, verificando o movimento do vento, e esparramou a cinza por cima dos galhos das cerejeiras. Milagrosamente, elas floresceram deslumbrantemente.

O ancião foi muito aplaudido e ainda ganhou muitos prêmios do Rei.

Um velhaco desprezível, vizinho do ancião, também queria receber o prêmio do Rei. Ajuntou a cinza e foi experienciar em uma das árvores que estava sem flor, porém não deu certo. O velhaco concluiu que a cinza do ancião fizera surgir às flores. Naquela noite, ele entrou na casa do ancião e roubou a cinza.

No dia seguinte, o velhaco anunciou que iriam florescer as cerejeiras e convidou o Rei e a sua comitiva. Assim que o Rei chegou, ele subiu na árvore e jogou as cinzas por cima dos galhos. As cinzas espalhadas foram levadas pelo vento e caíram nos olhos do Rei. Este, muito irritado, condenou o velhaco à morte. Naturalmente não ocorreu a floração.

Fim.

Moral da história:

A "cinza", em língua japonesa, é "hai" (não existe a pronúncia igual em português). Essa mesma palavra é semelhante ao " hai" de "SIM", que demonstra aceitar, acatar, adotar, cumprir, seguir, assumir, concordar, obedecer, respeitar etc.

Pegar o "SIM" dos outros e jogá-lo é o mesmo que o contrário do sim, ou seja, o "NÃO".

Não, é recusar o sim e não aceitar, rejeitar, descumprir, confrontar etc.

Logo, quem tem o espírito de "hai" (sim) cria uma situação de harmonia, respeito e paz na vida, e será compensado por muitas graças do Rei (Deus).

Quem não tem o espírito de "hai" (sim) será detestado, malquisto e indesejado. Normalmente são seres malévolos, perversos, impiedosos, agressivos, teimosos, o que poderá resultar não só em uma vida infeliz, como também em serem rejeitados por todos.

Fim.

Em uma família em que predomina "SIM", não haverá brigas, desentendimentos, discussões, malquerenças, e haverá harmonia, respeito mútuo, alegria, saúde, e, desse modo, ela será disputada pelos "anjinhos", que desejarão nascer nessa família.

Uma narração:

Uma vez, em uma de minhas palestras, uma senhora me procurou e disse:

– Eu tenho dezoito anos de casada e não tenho filho; é possível ter um filho?

– Sim, desde que a senhora acredite em mim e viva da forma que eu disser.

Ela disse:

– Sim, eu acredito! E também seguirei a sua orientação, custe o que custar.

Eu lhe perguntei:

– Seu marido faz o quê?

– Ah! Meu marido é um coitado, sem mim ele estaria passando fome! É um problema viu, professor; ele fala alto demais em casa, liga o som da TV muito alto, ele me incomoda muito...

Eu a interrompi e disse a ela:

– Caso a senhora pretenda realmente ter um filho, de agora em diante, dirá ao seu marido apenas "SIM, AMOR". Se ele pedir para aumentar o som da TV, a senhora deve responder: "sim, amor", ok?

E fui embora.

Passou-se muito tempo e já tinha me esquecido desse caso, quando uma senhora procurou-me e disse:

– Eu sou "B", amiga da "A", a quem o senhor engravidou e ela teve uma filha.

Eu levei o maior susto, e respondi gaguejando:

– Aaa... A senhora está enganada! Eee... eu não engravidei ninguém, não!

Ela disse:

– Não, não é isso não! Professor! O senhor ensinou a minha amiga a ter um filho! Professor, eu também quero ficar grávida! Por favor, ajude-me! Eu faço qualquer coisa para engravidar!

Eu respondi ainda assustado:

– Não! Não precisa fazer qualquer coisa, não! Mas passe outro dia, pode ser?

E saí correndo sem olhar para trás! Ufa!!!!!

Então, pensei: "Ufa! Realmente não é fácil engravidar alguém!"

05

PAIS QUE REJEITAM O FILHO ANTES DE NASCER

Os motivos que levam o pai ou a mãe a rejeitar um filho, ainda antes de seu nascimento, são vários, como:

- O bebê chegou numa má hora!
- Não queria ter mais uma menina; queria um menino!
- Chega de outra criança! Que azar!
- Não tenho condição financeira para sustentar mais um filho!
- Agora que estou desempregado! Não posso ter mais filho!
- Brigas, raivas, nervosismo, falta de dinheiro, ah! Só faltava essa!

Como já comentado no capítulo anterior, a partir do momento da fecundação, o feto já possui a vida e compreende todos os pensamentos e os sentimentos dos pais.

Como seria, o sentimento do bebê, ao saber que os pais estão rejeitando-o? Como seria a mágoa do feto nos primeiros meses de vida, por estar sendo rejeitado pelos pais? Muitas pessoas pensam que o feto nada entende, mas não é verdade, pois fica sabendo de tudo aquilo que os pais estão pensando.

Quando ocorre a rejeição, o primeiro sentimento da alma do feto é o de ficar o maior tempo possível longe dos pais, da mesma forma que ninguém pretende visitar uma família onde não é bem-vindo e é rejeitado. A alma do feto também deixaria de visitá-lo com a frequência que deveria ocorrer.

O que poderia acontecer com o feto em crescimento, sem a presença da alma, que tem a responsabilidade de administrar a formação do corpo? Da mesma forma, o que poderia acontecer com a construção de um prédio, sem o acompanhamento de um engenheiro?

Qualquer que seja o ato de magoar quem quer que seja haverá de arcar com as consequências, em conformidade com as leis da causa e efeito, que regem as nossas vidas. Portanto, nunca e jamais devemos ter uma postura dessa natureza, pois, acima de tudo, somos "humanos". Caro leitor, você conhece alguns animais ou mesmo algumas aves que rejeitam o seu próprio filho? O que dizer diante de uma situação dessas!

A criança que passa pela rejeição dos pais poderá nascer com diversos problemas de naturezas gravíssimas, assim como apresentar revoltas, carência de amor, desobediência, choro constante, rebeldia, e, quando adolescente, o quadro poderá piorar ainda mais, envolvendo-se na marginalidade, nas drogas, em brigas e outras loucuras que poderão até lhe causar a própria morte.

Eventualmente, se houver alguns pais com problemas dessa natureza, não precisam se culpar e nem se desesperar. Tudo aqui na Terra é um aprendizado que faz parte do aprimoramento necessário na vida. Para solucioná-los, basta que sigam as "dicas" de educação da Sabedoria Oriental Milenar.

Afinal, a nossa missão aqui na Terra é para ser "muito legal, com imenso amor no coração", e ser amável com todas as pessoas e em todos os sentidos da vida, e nunca devemos priorizar o "eu", que é o sinônimo do "EGO".

Uma pequena e grande historieta:

> *Dizem que as vibrações de amor de JESUS se propagavam por mais de seis milhas.*

Pergunta-se:

Qual é a distância que a vibração do seu amor atinge? Não sabe? É preciso que pelo menos preencha o seu lar, amando e respeitando todos os seus familiares, principalmente o novo membro da família recém-alojado no embrião, que escolheu a sua família para nascer.

Não haverá felicidades para os pais que rejeitarem o filho, assim como não haverá felicidade para o filho que rejeitar os pais. Não adianta amar e respeitar todos os colegas, amigos, vizinhos, namorados(as), se não respeitar e amar os pais. Tudo parte da família, que é a base que estrutura a vida do ser humano.

A rejeição do filho na fase da gestação poderá causar danos irreparáveis à saúde da criança. Por essa razão, é de suma importância conhecer esse mistério da vida da Sabedoria Oriental Milenar, a fim de não causar sofrimentos para o filho e também para os familiares.

O homem jamais deve priorizar o interesse egoístico, achando que pode fazer o que quiser sem respeitar o direito de nascer de uma criança que escolheu a sua família para nascer.

Não existe outra forma de viver feliz aqui na Terra, a não ser que viva com amor nos pensamentos, nas condutas, nas palavras, nos gestos; portanto, de agora em diante, você deve vigiar os pensamentos que passam pela sua mente. Sabe como?

É simples, fazendo constantemente a pergunta: "Será que estou com amor no coração?".

Caso sentir que ele está no coração, parabéns! Caso contrário, corrija imediatamente o seu sentimento, eliminando o nervosismo; perdoe a pessoa que estava julgando e elimine qualquer pensamento que não esteja embasado no amor, principalmente em relação à sua família.

É imperativo que ame os familiares em primeiro lugar. A família é a base de tudo. Não haverá a felicidade, a saúde, o sucesso, a prosperidade, a proteção, a paz, sem que haja o respeito, o amor e a harmonia entre os familiares. Quando se fala neles, não se trata somente de pessoas que moram na mesma casa, mas deve abranger os pais, os filhos, os ancestrais, os familiares, os irmãos, os netos, os bisnetos etc.

Não perca mais tempo buscando a riqueza, a felicidade, a saúde, o sucesso profissional que nunca conseguiu na vida; eles são consequência do nível de amor que você sente por familiares. Quem ama será amado, e quem rejeita será rejeitado pelos benefícios e pelas dádivas da natureza.

E como se deve proceder para amar?

Logicamente existem várias formas de amar, entretanto, os meios mais poderosos estão em usar palavra de amor, de carinho, e de respeito, e nunca e jamais deve pensar em quaisquer atitudes que não correspondam ao amor.

Os fatores que determinam o gênio de uma criança se relacionam ao ambiente familiar; por mais que a alma da criança possua espiritualidade elevada, o ambiente pode encobrir-lhe as qualidades, tornando-a semelhante ao meio em que vive.

A situação de ser encoberto por valores negativos é o verdadeiro sentido de "Pecado". Portanto, o pecado é cometer atos ilícitos, maus, reprováveis, ocultando as qualidades corretas de um ser íntegro e bondoso, que são as qualidades originais dos seres humanos.

A responsabilidade de ser um pai é inimaginavelmente importante; dele dependem os filhos, os amigos, os familiares, o funcionário, que poderão receber influências positivas ou negativas.

Sempre os filhos aprendem vendo os pais, portanto, para que o filho seja inteligente, saudável, benévolo, educado e estudioso, é necessário que os pais sejam também dessa forma. Assim sendo, não haverá problema algum com os filhos no futuro.

Todos os comportamentos indesejáveis que o filho apresentar, tem origem e causas na família e também na forma equivocada de educar.

As causas de todas as desgraças que acontecerem também estão no ambiente familiar. Na família, o pilar principal é o pai, cabendo unicamente a ele a responsabilidade pelo bem-estar dos familiares. É fundamental que se saiba tomar decisões corretas, sempre se baseando no amor para nunca errar, como o erro de rejeitar um filho por qualquer que seja o motivo.

Ser pai é isso! Toda responsabilidade em relação à família é dele e, portanto, é de suma importância conhecer os enigmas da vida, da Sabedoria Oriental Milenar e viver em conformidade total com ela, para que você, pai, e a sua família vivam muito felizes.

Na verdade, a educação do filho começa a partir do momento da concepção, e não depois de dois ou três anos do nascimento. Vejamos, no próximo capítulo, como iniciar a educação de uma criança que ainda não nasceu.

06

EDUCAÇÃO DO FILHO DURANTE A GESTAÇÃO

A educação do filho deve iniciar-se antes mesmo de seu nascimento, já a partir da fecundação e durante toda a gestação.

Embora muitas pessoas pensem que o feto não entende nada do que os pais estão pensando, e nem as brigas deles, isso não é verdade; o feto fica sabendo de tudo.

Quando o pai ou a mãe briga com alguém, o feto no útero da mãe estremece de medo, o que lhe pode causar muitos danos irreparáveis ou uma doença extremamente grave.

Saiba que, alguns momentos antes da fecundação se definem a vida que irá alojar-se no feto.

Esta vida do feto já possui a mente e entenderá todos os sentimentos e os pensamentos dos pais. Por essa razão, a criança, até certa idade, recebe influências diretas dos pais.

No início da gestação, a alma do feto não fica muito tempo no seu novo corpo. À medida que a gestação avança, ela passa a ficar mais tempo junto ao feto em formação, para acompanhar e administrar o seu desenvolvimento. Assim, embora ela não fique junto de seu novo corpo, o bebê em formação consegue saber todos os sentimentos dos pais.

Uma narrativa baseada em fatos:

Uma criança de quatro anos disse ao seu pai:

– Papai, eu escolhi nascer na sua casa, porque eu gosto muito de você!

O pai, ao ouvir isso, ficou muito emocionado e, chorando, abraçou o filho e disse:

– Filho! Papai e mamãe também gostam muito de você! Obrigado por ter nascido na minha família!

É assim que ocorre o nascimento em uma família, e por isso que é preciso cuidar da criança com muito respeito e amor, para não decepcioná-la, pois escolheu vocês para serem os pais, nesta vida.

Nos primeiros meses de gravidez, ocorre uma mudança na fisiologia da mãe. Algumas mulheres passam mal, outras não, mas o normal é não sentir nenhum tipo de mal-estar. Se isso acontecer, recomendo que ela passe a seguinte mensagem com muito carinho e emoção para o filho que está no útero, até sentir-se bem novamente:

"Eu sou muito grata a você, meu filho, por ter me escolhido para nascer. Muito obrigada. Estou muito contente e não vejo a hora de segurá-lo nos meus braços. Obrigada, meu filho."

Ao tomar conhecimento da gravidez, procure falar sempre com o bebê que está na barriga, com profundo sentimento de gratulação e amor, até o momento do nascimento e, acima de tudo, com muita consideração e afeição.

Veja os exemplos:

> *"Olá, bebê, tudo bem? Como você está? Mamãe e papai estão muito contentes com você."*
>
> *"Bom dia, nenê, você dormiu bem? Você é a maior alegria da casa! Hoje vou comprar o seu enxoval."*

Fale sempre com ele, várias vezes ao dia, durante todo o tempo de gestação. Tenho certeza de que ele entenderá tudo.

Outra postura muito importante da mãe gestante é a de ter o correto modo de viver com honestidade e amabilidade, não assistir filmes violentos, que envolvam brigas e crimes, ler bons livros, e não obras de doenças. É interessante também ouvir músicas suaves e jamais agitadas, vendo somente as coisas belas e preenchendo o coração com amor e tranquilidade, jamais devendo ficar nervosa.

Esta é a educação mais eficiente, que faz a criança ser inteligente, amável e totalmente saudável.

Com esse carinho, o bebê vai sentir-se muito feliz com a escolha que fez, e os pais dificilmente terão problemas com o filho se aplicarem essa forma de educação. Portanto, na fase de gestação, é imperioso que o pai e a mãe não fiquem nervosos, com raiva, perturbados, com medos, que não discutam, e nem sequer briguem.

Saibam que a personalidade e o gênio de uma pessoa se formam a partir da fecundação até a idade de dois a três anos; embora muitos afirmem que é a partir do nascimento, a criança recebe as influências dos pais.

Sabem por que a criança forma a personalidade nos primeiros anos de vida?

Veja o exemplo abaixo, para melhor compreensão:

Digamos que no primeiro dia de trabalho na empresa, você vai analisar a distância de sua casa até a empresa, a estrutura, o ambiente, a chefia, os colegas, o local de trabalho, as instalações, os tipos de serviços, as refeições, os benefícios, as políticas da empresa etc. E, em alguns dias ou em alguns meses, você criará o conceito da empresa, que dificilmente mudará no decorrer dos anos. O mesmo acontece também com a vida que se alojou no feto.

Quais são os fatores que determinam a personalidade e o gênio da criança?

Pensemos que o "eu" é a vida que se alojou no bebê (saiba que esta vida não está nascendo no momento da concepção), e esse "eu" possui a mente que entenderá tudo, diferente da mente dos adultos, que não conseguem ler os pensamentos uns dos outros.

No mundo espiritual onde vivem as almas, sem a vestimenta material (corpo carnal), as comunicações são feitas mentalmente e não com as palavras, como ocorre nesta vida terrena. Por esse motivo o feto consegue entender todos os pensamentos dos pais.

Todas as crianças, até certa idade, também conseguem entender todos os sentimentos dos pais, mesmo que não os entendam claramente, mas sentem perfeitamente, a tal ponto de ficarem muito abaladas quando os pais brigam o que lhes afeta a saúde. À medida que a criança vai crescendo e tornando-se mais independente, o nível de influência dos pais diminuirá gradativamente.

Quando uma vida nasce e se aloja no feto, sente uma enorme expectativa e ansiedade em relação à família em que está nascendo. Por exemplo: "Estou preocupado! Como será a mamãe? E o papai? Será que eles são legais? Ou serão bravos? Será que vou ser feliz? Eles vão me amar? Odeio as brigas; tomara que os pais não sejam briguentos! Não gosto que me chamem atenção a toda hora, muito menos de apanhar! Broncas nem pensar; quem gosta de broncas? Ninguém. Tomara que papai e mamãe não sejam nervosos!". E continua pensando: "Espero que os meus pais sejam muito carinhosos comigo e com todas as pessoas, e que sejam afetivos, educados, amáveis, atenciosos, benevolentes, possuidores de grande amor, isentos de qualquer maldade no coração".

Na verdade, a educação do filho deve ser feita por meio dos próprios exemplos dos pais, e nunca com as palavras, dizendo: *"Faça o que eu falo e não faça o que eu faço"*.

Em uma família na qual os pais são cantores, haverá probabilidade de nascerem filhos com talentos para ser um grande cantor. Esta é a lei da natureza.

Agora que conhecemos esses segredos das regras que norteiam as vidas das pessoas, precisamos saber que todos os seres humanos, sem exceção, possuem na sua essência algo extremamente perfeito e infinitamente grandioso, em todos os sentidos.

O homem é como um diamante bruto, em processo de lapidação para extrair o brilho que existe originariamente na sua essência. Infelizmente, muitas pessoas desconhecem essa verdade e levam uma vida inexpressiva, não condizente ao seu verdadeiro potencial nato.

Caro leitor, é o meu desejo que todos vocês, a partir de agora que conhecem essa verdade, não sejam prisioneiros de privação, doenças, angústias, nervosidades, rancor, agressividade etc., e passem a viver uma vida digna e honrada em todos os sentidos, com saúde total, com muito amor no coração, com opulência, com abundância de riquezas e sucessos, e logicamente com filhos saudáveis e maravilhosos.

Agora que conhecemos os métodos mais eficientes e corretos da Sabedoria Oriental Milenar, para que tenhamos filhos maravilhosos, cabe a pergunta: quantos filhos você pretende ter? Muitos ou poucos? Veremos o que a Sabedoria Oriental Milenar diz a respeito, no próximo capítulo.

07

TER MUITOS OU POUCOS FILHOS?

Na minha família, eu era o quinto filho e, no total, éramos oito irmãos. Hoje seria um absurdo, mas na época formávamos uma família de tamanho médio. Ter muitos filhos era um tipo de investimento para ajudar no trabalho da família. Entretanto, por trabalhar todos juntos, sem nenhum tipo de estrutura organizacional e nem de salário, era comum surgirem brigas constantes, insatisfações e, como consequência, todos os filhos acabavam dispersando-se.

Na minha época, quase ninguém tinha oportunidade de estudar; morávamos no meio do mato, longe da escola primária que ficava a oito quilômetros de nossa casa, e a cidade, a vinte e cinco quilômetros.

A jardineira (ônibus) só passava duas vezes por dia. Mesmo assim, eu tive a oportunidade de estudar na cidade. Éramos na época lavradores arrendatários de subsistência. Alimentávamo-nos de "fubá", que era a farinha de milho, e, na falta, era a mandioca ou a batata-doce. A sobremesa era "chupar a cana-de-açúcar", o que me custou os dois dentes da frente!

Atualmente as coisas mudaram muito, a maioria dos casais tem um ou dois filhos e, no máximo, três. No carro, mal cabem três cadeirões no banco traseiro.

Vamos ver como ocorre o nascimento

Como já disse, no mundo das almas, a população é muitas vezes maior do que aqui na Terra, e são muitas as que estão à espera de uma oportunidade para nascer.

Para poder nascer aqui na Terra, não basta simplesmente querer, embora a vontade de querer nascer fosse o primeiro requisito para candidatar-se na eventual escolha, seguindo as regras que regulam os nascimentos. É de livre escolha o querer nascer ou não, por isso não se justifica dizer que não queria nascer e culpar os pais.

Li em algum livro que o homem nasce, ora como um príncipe, ora como um mendigo, ora como um empresário, ora como um operário, ora como um malfeitor, ora como um salvador, ou seja, totalmente desordenado, diz o livro, para o aprendizado!

Tais colocações estão equivocadas, um retrocesso na vida não pode ser o processo de aprendizado. Existe aprendizado para um estudante universitário retornar para o Ensino Fundamental? Ou um estudante do Ensino Fundamental teria condição de enfrentar a universidade? Claro que não.

Existe, em alguns casos muito esporádicos, uma alma elevada que poderá nascer com um defectivo corpóreo, pela sua própria escolha, para sentir o sofrimento e poder amar ainda mais as pessoas, com um sentimento mais puro de amor.

Ninguém nasce por acaso em uma família rica ou em uma família pobre, ou, ainda, em uma família de cantor famoso. Tudo é o resultado do aprendizado das vidas passadas, como um resultante do mérito. Por esse motivo o homem deve dedicar-se de corpo e alma, dando o melhor de si em todos os sentidos da vida.

Todos os esforços, as dedicações, os estudos e todos os empenhos para esmerar o caráter não serviriam para nada, e, se tiver de nascer como um esmolador ou um torpe, não teria sentido viver esforçando-se, estudando, e sendo honesto nesta vida.

Outro enfoque muito importante é saber que os filhos que irão nascer em determinada família serão semelhantes aos pais, por isso não basta apenas gerar mais um filho. Não se trata de quantidade, e sim de qualidade de seres humanos com espíritos elevados, que precisamos trazer a este mundo.

Esta é atribuição de todas as pessoas que vivem atualmente neste mundo material.

Talvez alguém possa pensar: "Sou pobre, portanto, não estou qualificado para atrair um espírito elevado!", ou, ainda, "Não tenho estudo, por isso não estou apto para atrair um espírito elevado!", ou "Eu sou intelectual, por isso o meu filho será um espírito elevado"; ou "Sou rico e poderoso, por isso o meu filho será um espírito elevado".

Os valores materiais, a intelectualidade em determinado assunto, as riquezas materiais mundanas, as posições sociais, as qualidades ou habilidades pessoais etc. não são fatores determinantes, podendo ser até os fatores negativos para a atração dos espíritos elevados.

Também a pobreza, a posição humilde, não ter estudo, não ter uma profissão, não ser inteligente etc. não são fatores decisivos, podendo ser até os fatores positivos para atrair os espíritos elevados.

Isso porque não está em questão a importância de coisas materiais mundanas, que têm valor somente no mundo material. Certas ideologias condenam os homens apegados aos bens materiais com o termo "materialista", que nada tem a ver com o conceito da Sabedoria Oriental Milenar.

Evidentemente, no mundo material, é indispensável haver riqueza e crescimento material que proporcionam as qualidades da vida de todos os seres humanos.

Contudo, não só de matéria vivem os homens, pois possuem um lado imaterial, que é o sentimento. E este, embasado no amor, na sabedoria, somado aos bens materiais, constituirá a qualidade da vida de um ser humano.

A vida aqui na Terra

Se levarmos em consideração a situação de espera do mundo das almas para nascer, poderia dar oportunidade a eles gerando muitos filhos.

Todavia, gerar muitos filhos indiscriminadamente, sem planejamento, e sem poder oferecer-lhes as condições mínimas e necessárias para que vivam neste mundo material, estaria prejudicando-os em vez de contribuir com eles, criando grandes contingentes de pessoas sem oportunidade alguma na sociedade, provocando uma degradação espiritual ainda maior.

Assim sendo, longe de proporcionar a oportunidade de aprimoramento espiritual aqui na Terra, ter muitos filhos estaria contribuindo para a criação de seres humanos aviltados, o que seria um ato extremamente desumano e cruel.

Para se viver neste mundo material, é indispensável possuir condições materiais em todos os sentidos, principalmente na alimentação e moradia conveniente, o qual seria o mínimo necessário para a sobrevivência de qualquer criatura. Sem contar com as outras necessidades primárias e básicas.

Na sociedade democrática, nota-se ausência total de amparo aos necessitados, nem mesmo um prato de comida, e muito menos uma moradia e assistência médica adequada para as pessoas que realmente precisam de ajuda de terceiros.

Constrói-se uma ponte com milhões de verbas públicas, na sociedade onde existem milhares ou milhões de crianças, mulheres e idosos totalmente desprovidos de recursos para se alimentar diariamente, passando fome, morando debaixo da ponte de "ouro", sem condições sanitárias, sem água, sem nada, levando uma vida subumana!

Eu mesmo não consigo deixar de desfrutar uma refeição sequer; como seria a angústia de uma criança que não tem o que comer? O que dizer diante de uma situação dessas? Sempre digo às minhas netinhas para que agradeçam aos alimentos, antes e depois de comer, porque existem muitas crianças que não têm o que comer e estão passando fome.

Por outro lado, existem grandes quantidades de desperdícios de comidas na nossa cultura, principalmente no sistema *self-service* e no rodízio de churrascos; o qual não acontece com os restaurantes orientais, onde o desperdício é zero.

A decisão de ter muitos ou poucos filhos cabe a cada um de nós, entretanto, é preciso ponderar a realidade da vida aqui na Terra, que é muito diferente do mundo das almas, onde não existem limitações do mundo material. Contudo, essa decisão não deve ser tomada após a gravidez, em forma de aborto, o qual será abordado no próximo capítulo.

08

ABORTO, SIM OU NÃO?

Assunto polêmico da atualidade a questão do aborto. Em alguns países, ele é legalizado e em outros não, porém neste capítulo as leis dos homens não estão em pauta.

Sabemos que existem diversos motivos que levam à prática de aborto; vejamos algumas justificativas:

- Não querer mais o filho.
- Por questão social.
- Por questão financeira.
- Não queria menina.
- Por ser uma gravidez indesejada.
- Veio em má hora.
- Por questão de saúde da mãe.

Gostaria que todas as pessoas soubessem que, a partir do momento da concepção, por menor que seja o embrião, já possui a vida, portanto não existe o período em que possa abortar, sem afetar a vida do feto.

Vamos imaginar que a alma que deu a vida ao embrião é "EU", e qual seria o sentimento desse "EU" diante da decisão dos pais em ser abortado impiedosamente?

Escolhi vocês, mamãe e papai, para nascer na sua família, e vocês vão me matar?

Por favor, deixem-me nascer! Serei boazinha com todos vocês! Ajude-me, mamãe!!!

Estou com medo! Estou apavorado! Socorro!!!

É muito triste quando ocorre um aborto de uma pequenina vida, totalmente indefesa e imaculada, interrompendo lhe o direito de nascer e de viver aqui na Terra! O que dizer diante de uma situação dessas?

Por favor, veja o que diz a Sabedoria Oriental Milenar:

- A criança, quando nasce, traz consigo a bagagem de autossustento, de acordo com o seu mérito. Portanto, não se preocupe em ter de sustentar mais uma criança, e esforce-se para dar a ela o melhor que puder.
- A criança que você pensou em abortar poderá ser o seu melhor filho.
- A prática de aborto é delito gravíssimo (não importam as leis dos homens que permitem o aborto).
- O casal, decidindo não abortar mais, será abençoado por Deus e louvado por todos os seus ancestrais.
- Praticando o aborto, haverá de se colherem as consequências com desditas inimagináveis.
- O aborto ocasiona o ódio da alma abortada e a desaprovação dos ancestrais, assim como poderá causar na família diversas anomalias de causas físicas e mentais desconhecidas, e outras adversidades gravíssimas.

Talvez, algumas pessoas poderão não concordar com as colocações acima, porém, levando em consideração que o feto, mesmo sendo extremamente pequeno, possui a vida, e também os mesmos sentimentos que nós, ele sente medo, dor, raiva, preocupação, tristeza etc. Portanto, há de concordar com a Sabedoria Milenar de que o aborto é um ato desumano que deve ser evitado a qualquer custo.

Por essa razão, o aborto é oposto ao ato de amor, e, por se tratar de extinguir uma vida, essa prática é extremamente impiedosa e pecaminosa.

Além do mais, a nossa missão aqui na Terra é de aprimoramento no nível de amor, portanto, não devemos praticar qualquer ato que não esteja embasado em amor, para que não haja retrocesso na vida e consequências desagradáveis.

Na verdade, todos nós vivemos em dois mundos: o Mundo Material e o Mundo Perfeito. Sem conhecer esses dois mundos, poderemos tornar-nos um resultante do mundo material, sujeitando-nos às variáveis inconstantes desse mundo material.

Mundo material

É o mundo de fenômeno constituído de matérias, onde se vive com o corpo carnal que depende de matérias para sobreviver. É um mundo imperfeito, ilusório, mutável e inconstante, que muda e transmuta constantemente. O mundo material é constituído pelo pensamento da mente humana.

Neste mundo material, a maioria absoluta de pessoas acredita somente em matéria, seja na saúde, nos tipos de doenças, nos tratamentos delas, nas suas causas, na riqueza, na pobreza, enfim, atribui-se tudo à matéria.

O conceito geral é a dependência total e exclusiva da matéria para se viver neste mundo, onde a vida também é atribuída à matéria, como é o caso da prática do aborto.

Muitas vezes, o aborto é praticado como se estivesse retirando uma parte da matéria, sem saber que no feto se aloja uma vida com sentimentos iguais a qualquer um de nós.

As pessoas vivem com a liberdade de fazerem o que bem quiser (livre-arbítrio), seja o bem ou o mal, entretanto, na sociedade dos homens, existem as leis que disciplinam o que se pode fazer e o que não se pode.

Essas leis são baseadas nos valores sociais, culturais e materiais, estabelecendo normas, regras e princípios que devem ser seguidos por todos, ainda que nem sempre estejam de acordo com as leis da natureza que regem a vida dos homens.

Entretanto, os que infringirem as leis terão de arcar com as consequências, que variam de punição leve até a pena de morte. Por essa razão, não se deve e nem valeria a pena viver desrespeitando as leis.

Mundo perfeito

É o mundo original da criação Divina, onde tudo é perfeito, imutável; é o mundo da existência verdadeira, que estrutura a base do mundo material em forma de leis da Natureza, que regem todos os homens da face da Terra, assim como toda a estrutura do mundo material.

Aparentemente, no Mundo Material, os homens têm a liberdade de fazer o que bem entenderem, usando o livre-arbítrio. Entretanto, existem as leis da natureza inalteráveis e invioláveis do Mundo Perfeito que regem as vidas de todos os seres, estabelecendo a justiça no mundo dos homens.

As consequências dos atos de aversão ao amor ou de desrespeitar as leis da natureza poderão ser leves ou extremamente terríveis, milhares de vezes mais austeras do que as leis dos homens.

Por essa razão, não valeria a pena viver praticando atos malévolos, insensíveis, e aqueles atos que não estejam fundamentados em amor, por mais que se acredite que esteja com a razão ou mesmo que ninguém fique sabendo.

As pessoas que praticaram o aborto sem ter conhecimento do envolvimento da vida no embrião, e também, mesmo que apoiadas nas leis dos homens, não se isentam de culpabilidade e das consequências regidas pelas leis da natureza, além de despertarem o ódio do feto, assim como a desaprovação de todos os ancestrais.

Não se deve concordar com um ato que não esteja baseado no amor e nem defendê-lo. Este mundo não é tão imperfeito como muitos pensam, e toda ação tem sua reação, regulada pela "lei da causa e do efeito", inalterável e inviolável.

09

PARTO NORMAL OU CESARIANA

Constantemente assistimos às cenas de um parto normal nos filmes e ficamos horrorizados com os sofrimentos que as mulheres passam ao dar à luz. Eu mesmo, sempre que vejo essas cenas de parto, dou graças a Deus por ter nascido homem.

Certamente, se eu fosse uma mulher, morreria de medo de parto, e esse medo fica gravado na mente consciente, e o subconsciente faz com que o parto ocorra exatamente da forma que acredita que é: extremamente doloroso.

Na verdade, o parto normal deve ocorrer naturalmente, sem qualquer dor, como se vê com outros animais. Alguém já viu algum animal sofrer de dor no momento de ter a cria? Eu mesmo nunca vi, e também não tenho conhecimento de algum animal da mesma espécie que ajude no parto.

O ser humano, que possui uma inteligência muito superior a de qualquer animal e com toda a conquista tecnológica, nada pode fazer quando se trata de parto normal, e as mães continuam com os mesmos sofrimentos. Você saberia me dizer por que os animais não sofrem ao ter a cria?

Dizem que os animais selvagens dificilmente adoecem e os animais de estimação ficam constantemente doentes e contraem até gripe, que é um "direito adquirido" dos seres humanos.

Os homens, apesar da grande inteligência, desconhecem a capacidade da mente humana, ou estão equivocados no seu uso, utilizando-as exatamente da forma contrária, ao invés de beneficiar-se com elas.

Um animal que não fala, não pensa como um homem, dificilmente adoecerá e não sentirá dor alguma ao ter a cria.

O ser humano conquistou desenvolvimento tecnológico avançado no campo material, entretanto, no campo imaterial, em relação ao poder da mente e ao poder da oração, quase nada evoluiu. Em relação às regras da natureza que rege a vida dos seres humanos, continua um mistério e inaceitável por muitas pessoas que vivem crendo somente em matéria.

A maioria das pessoas desconhece essas regras da natureza que regem a vida de todas as pessoas. Por esse motivo, existem, neste mundo, inúmeras doenças, desgraças, infelicidades, brigas, guerras, pobrezas, acidentes, fome etc.

O próprio Jesus disse: "Conhecei a verdade e a verdade vos libertará." (João 8:31-32).

O Sakyamuni (Buda) disse: "Ignorância!", referindo-se ao desconhecimento de tais verdades.

Essas verdades estão nas doutrinas de várias religiões, entretanto, estão encobertas de misticismo, incompreensão, enigmas, alegorias etc., tornando-o extremamente difícil para o homem compreender o conteúdo da verdade.

A verdade não é patente de nenhuma religião; trata-se de um conjunto de regras inalteráveis do Universo que determina o caminho ou direciona os seres humanos para uma vida feliz, saudável, harmoniosa e próspera. Portanto, nada tem a ver com a religião, a busca constante da essência do ensinamento das regras invioláveis e inalteráveis da natureza, da Sabedoria Oriental Milenar.

É possível ter o parto normal sem dor, entretanto, isso requer uma premissa e disciplina mental, o que pode ser extremamente complexo, dependendo de cada pessoa. Cabe ainda lembrar que o parto pode ser feito por meio de cirurgia (cesariana), o que garante o maior conforto e mais segurança para a mãe e a criança.

Ainda existem algumas pessoas que têm a concepção de que o parto deve ser natural e a cesariana é um produto com fins profícuos. Pode até ser, entretanto proporciona inúmeros benefícios, com a exceção de ter um custo maior, a não ser que possua um bom plano de convênio médico-hospitalar.

O importante não seria nem o custo elevado, mas a segurança da mãe e do filho e outros benefícios que a cesariana proporciona. Portanto, é indispensável que não seja fundamentalista de pensar que o parto deve ser normal.

Vamos agora nos preparar para a educação do filho, no próximo capítulo.

2
FASE DE BEBÊ

10

PREPARATIVOS PARA RECEBER O BEBÊ

Parabéns a você, Papai e Mamãe!

O seu filho escolheu vocês para nascer na sua família, por isso, cuidem bem dele, com amor e muito carinho, para não decepcioná-lo em nenhum momento da vida.

Saibam que o filho que acabou de ganhar não se trata de propriedade dos pais. Estes receberam apenas a guarda de uma criança que possui a vida sagrada, para criá-la e cuidar dela da melhor forma possível, e com muito amor.

Existe um ditado oriental que diz: "*A criança é um tesouro. Não existe tesouro mais valioso do que a criança*".

Por isso, não basta apenas criar; é preciso que cuide dela como se fosse o maior e mais importante tesouro de sua vida.

Todos os pais gostariam de ter um filho maravilhoso, porém precisamos lembrar-nos de um ditado popular: "*O filho do pato será um pato*"; significa que o filho será semelhante aos pais.

Felizmente, os homens não são como os patos, pois são dotados de inteligência e amor, com possibilidades de crescimento constante em todos os sentidos.

Vivemos neste mundo chamado "Mundo Material", onde tudo é constituído de matéria; até mesmo a corrente elétrica que não podemos enxergar não deixa de ser um movimento de elétron, que é a matéria, assim como as ondas eletromagnéticas invisíveis (som e imagens de TV) também são constituídas de matéria.

Por viverem neste Mundo Material, os homens acabam se tornando materialistas, acreditando somente em fatos materiais visíveis.

A maioria das pessoas acredita nos exercícios físicos e na alimentação adequada para a manutenção da saúde, como o único meio para tal. Um pequeno número de pessoas religiosas acredita nas práticas meditativas, orações, yoga, preces etc., como o único meio para atingirem a iluminação, o equilíbrio e a saúde.

Sakyamuni (Buda), na sua peregrinação para atingir a iluminação, sujeitou-se à prática de yoga por longos anos. Uma prática extremamente dolorosa e sofrida, inimaginável para qualquer pessoa que vive atualmente. A yoga que ele praticava não era em cima de um tatame, ou almofada macia e confortável na sala climatizada com ar-condicionado.

Praticava yoga no meio da selva, dia e noite, com ou sem chuvas, sentado sobre galhos de árvores com espinhos, durante anos e anos, ou ficava enterrado até o pescoço, dia e noite sem se alimentar.

Durante tais práticas, cerca de 60% dos monges praticantes morriam. O próprio Sakyamuni arriscou a sua vida por diversas vezes.

Após longos anos de prática de yoga, que tinha por objetivo sacrificar o corpo para atingir a iluminação, o Buda desistiu dela, concluindo que sacrificar o corpo não leva a lugar algum, longe de descobrir a verdade para atingir o estado de iluminação.

Sakyamuni, ao sair da selva, passou estafado e com fome por um vilarejo; uma senhora ofereceu-lhe um mingau de arroz. Ao abocanhar o alimento, Sakyamuni parou um momento e surpreendeu-se com o sabor aprazível e apetitoso a que por muitos anos não tivera acesso.

E foi assim que Sakyamuni despertou para "BUDA" (o iluminado), chegando a sentir que "o mingau de pequeno grão de arroz faz com que se vivifique um ser humano", concluindo que:

1. Todos os seres animados e inanimados são manifestação da vida de Deus;
2. Todos os seres animados e inanimados são irmãos de igual valor;
3. Este mundo é constituído de "Amor" que vivifica uns aos outros;
4. O "Amor" é o único esteio da vida para que os homens sejam saudáveis, felizes e prósperos.

Explicando: em todas as matérias manifesta-se a vida de Deus, assim como em todos os seres viventes, manifesta-se a vida sagrada de Deus. Portanto, somos irmãos de igual valor.

O amor é a única fonte que proporciona felicidade e qualidade de vida para os homens. Todas as guerras, as brigas, as doenças, as desgraças etc. são consequências da ausência de amor, vindo de homens que priorizam o interesse próprio com egoísmo, com intuito de levar vantagem em todos os sentidos.

Este mundo em que vivemos não pertence aos mais "espertos" e nem aos "mais fortes". Alguém talvez possa até discordar, mas este mundo é regido pelas regras inalteráveis e invioláveis que estabelecem a justiça no mundo dos homens, determinando consequências para todos os atos, sejam eles benignos ou malignos. Naturalmente os atos benignos resultam em consequências positivas, enquanto os malignos resultam em consequências negativas.

Os pais são responsáveis pela educação e pela formação dos filhos, então, por favor, crie o seu filho com a Sabedoria Oriental Milenar, para que ele seja um grande homem com amor no coração e que contribua para solução de milhares de problemas existentes em todos os países.

Para tanto, é preciso que os pais estudem a Sabedoria Oriental Milenar, aprimorem-se com os conhecimentos da verdade e estejam propensos a mudar sempre para melhor, quando se identificarem com a verdade.

Para ser pai ou mãe, a primeira condição necessária é colocar amor no coração e nunca priorizar o egoísmo, que é o maior inimigo de toda uma vida. Quero assim dizer que não devem brigar, ficar nervosos, com raiva, falar mal dos outros etc.

Vamos ver agora, no próximo capítulo, como deve ser o ambiente familiar para criar o filho ideal.

11

AMBIENTE FAMILIAR

Antes de se preocupar com a educação do filho, vamos ver o que o bebê mais deseja na família em que acabou de nascer, com toda a sua expectativa e curiosidade.

É muito simples saber o que o bebê deseja; basta colocar-se no lugar dele e ver o seu desejo em relação ao ambiente familiar, à postura dos pais etc., mas antes devemos ponderar que o bebê é totalmente dependente dos pais, e não um adulto que saberia enfrentar qualquer adversidade.

Ninguém gostaria de ter um pai nervoso, que briga constantemente com a mãe, e o bebê também não quer. O bebê não se importa com os móveis bonitos ou com os enxovais caros. O mais importante para ele é o sorriso dos pais, todos os dias, todas as horas e, de preferência, para sempre.

O bebê morre de medo quando os pais gritam no trânsito ou falam mal das pessoas usando palavrão. Mesmo que os pais briguem longe dele, o bebê percebe tudo, fica muito angustiado e treme de medo, a ponto de surgirem problemas graves na sua saúde.

Os pais e o filho estão ligados mentalmente, transpondo qualquer distância, por essa razão o filho sente todo o estado emocional dos pais. Desse modo, não basta ficar sorridente na frente da criança e ser outra pessoa, quando ela está longe.

Quer ter um filho saudável? É muito fácil, pois basta os pais viverem em harmonia, isto é, sem brigas, e em momento algum devem ficar nervosos ou com raiva de alguém. Você não acredita? Até mesmo uma febre ou uma simples gripe provém de atritos mentais dos pais.

O lar é o local mais importante para todos os familiares, por isso procure criar e manter um ambiente muito agradável e amoroso, para que qualquer pessoa da família possa sentir prazer em voltar para casa, e nunca um local de proferir insulto e sequer que se torne uma arena.

Para manter a harmonia na família é preciso que pondere três aspectos:

- Sentimentos de amor.
- Palavras de amor.
- Atos de amor.

Sentimentos de amor

Não é difícil cultivar sentimentos de amor; basta direcionar a mente para sentir compaixão e querer que as pessoas estejam bem, principalmente os familiares, e depois estender esse sentimento para os parentes, os vizinhos e para todas as pessoas que cruzarem seu caminho da vida.

Existem algumas pessoas que fazem o contrário; assim, relacionam-se bem com as pessoas de fora e desrespeitam os familiares, acreditando que eles não prestam. Lamentável, pois estão completamente equivocadas.

A família é como se fosse um sol, um centro, tudo deve partir dela e depois propagar-se para os amigos, os parentes, os colegas, a sociedade etc.

O sol aquece as pessoas, clareia tudo, eliminando as trevas, não discrimina ninguém, proporciona energia, vivifica todos os seres viventes; na verdade, você deve ser como se fosse um sol na sua família.

Palavras de amor

As palavras possuem um grande poder; muitas pessoas desconhecem o poder delas. As palavras criam todas as coisas, como o sucesso, o destino de uma pessoa, as brigas, as guerras, a desarmonia, as doenças, o respeito etc.

Dizem que o mundo foi feito com as palavras, por isso precisamos saber que todas as coisas são feitas de palavras, e, portanto, é preciso ter muita responsabilidade no uso delas.

As palavras ásperas e coléricas que normalmente presenciamos nas novelas podem até fazer parte de um valor do comportamento da sociedade moderna, porém não deixam de ser um comportamento extremamente equivocado, que destrói a família, provocam brigas, ofensas nas estradas, fúria nas lojas e em todos os estabelecimentos comerciais, demonstrando extremo egoísmo e torpeza.

O mau uso das palavras provoca a separação do casal, brigas, doenças e outras desgraças. Por outro lado, usando palavras de carinho, respeito, amor, consolo, afeição, estima, fraternidade, reconhecimento, benquerença, este mundo será um verdadeiro paraíso, e ninguém da família ficará doente, principalmente os filhos.

Atos de amor

Para completar as atitudes necessárias para a manutenção de harmonia no lar, são necessários que os sentimentos e as palavras de amor se tornem força motriz para se transformar em ação, ou seja, em atos de amor. Sentimentos e palavras sem ação se tornam vazios e sem qualquer consistência.

É preciso que todos os sentimentos de amor e as palavras de amor se demonstrem em sua conduta, principalmente em relação às crianças. Não basta ter sentimento de amor, e também não basta apenas expressar esse sentimento com as palavras; é preciso colocá-los em prática nos seus atos e nos seus comportamentos, para demonstrar esses valores.

Desejo que todos os leitores deste livro criem um verdadeiro paraíso no seu lar e o propaguem para todos os cantos da Terra, para criar um mundo paradisíaco.

12

COMO CRIAR UM FILHO SAUDÁVEL

Quase todas as pessoas acreditam que as doenças surgem inesperadamente sem nenhum motivo, a qualquer momento e em qualquer pessoa, e culpam os alimentos contaminados, os vírus, as bactérias, a má sorte, o frio, a sogra, e tem gente que culpa até Deus, mas é um grande equívoco.

Neste mundo, "nada acontece ao acaso"; tudo tem seus motivos e suas causas. Você pode até não acreditar, mas a causa de quase todas as doenças dos filhos, são consequências de conflitos mentais dos pais, como desarmonia, brigas, ódio, raiva, nervosismo, malquerença, preocupação, medo, agitação, ansiedade, aborrecimento etc.

Digo "quase todas as doenças", por existirem outras causas e outros motivos que resultam em doenças.

Na verdade, todas as crianças são saudáveis, entretanto, o mais importante, tanto na saúde como na educação, é a harmonia no lar.

Alguns pais mantêm uma verdadeira farmácia em casa, mas continuam vivendo em total desarmonia sem saber que causam as doenças dos filhos. Também existem as crianças que levam uma "sacolinha" de remédios na escola, criando dependência nos medicamentos.

As crianças de famílias onde predomina o amor e a harmonia, não adoecerão. As causas de quaisquer que sejam as doenças dos filhos é o estado mental dos pais em desarmonia.

Se algum dia o seu filho adoecer, façam autoanálise para ver se, como pais, estão vivendo sem brigar e com a mente serena. Corrijam, se for o caso, estabeleçam harmonia e serenidade na mente, e a doença do filho poderá desaparecer rapidamente.

Atenção! Nunca permaneça com o estado emocional alterado por longos dias, porque essa situação poderá causar doenças gravíssimas em seu filho, assim como em sua própria saúde.

Não basta gostar ingenuamente de seu filho; se realmente o ama, é preciso amá-lo com sabedoria, para não lhe causar danos e sofrimentos advindos de doenças.

A mesma coisa em relação a você. É preciso que tenha muito amor e respeito por si mesmo para não se judiar com doenças e outras desgraças. Para isso, é fundamental que viva em total harmonia com todas as pessoas, principalmente com os familiares.

Quase todas as doenças têm como origem a desarmonia no lar, consequentemente é imperativo que viva amando uns aos outros com amor no coração.

Quer saber o que é amar o seu filho de verdade e também amar-se e ter respeito por si mesmo? É muito fácil; basta eliminar o desvio de comportamento que venha a prejudicar a criança e a você, causando-lhes doenças, sofrimentos com dores terríveis, incapacidade de alimentar-se, andar, viajar, trabalhar, havendo o risco de envolvimento em acidentes etc. Tudo isso pode ser evitado. É impossível? Claro que não!

Parece impossível, mas não é. Você talvez ache impossível, da mesma forma que para muitas pessoas era impossível a transmissão de imagens de TV. A falta de conhecimentos leva a crer que é impossível. Vamos ver o que a Sabedoria Oriental Milenar tem para ensinar-nos.

Sabem quais são as atitudes que provocam doenças nos filhos e em si próprios? Como já disse diversas vezes, são brigas, raivas, nervosismos, ódios, malevolências, rancores etc.

Todos os pais amam os filhos, portanto, devem eliminar completamente de sua vida as brigas, para nunca mais causar doenças e sofrimentos aos filhos.

Sempre que a pessoa briga, acha que está com a razão, fica nervosa, fala o que não deve convicto de que está com toda a razão; entretanto, o que vale a razão? Nada! Sabe o que vale de verdade? É a sua saúde e a saúde de seu filho; é melhor ficar sereno e cultivar sentimentos de amor e perdoar as pessoas do que contrair doenças.

Se gosta de seu filho de verdade, você, Papai e Mamãe, não devem adoecer nunca! Porque o seu filho precisa muito de vocês. Como já disse, a maioria das doenças são causadas pelo sistema nervoso.

Algumas pessoas poderão dizer: "Eu não fico nervoso, mas as outras pessoas me deixam nervoso!". É muito grave essa colocação, sabe por quê? Neste caso, há dois aspectos que devem ser avaliados:

1º Aspecto: Você é uma pessoa íntegra, portanto, nada que venha de fora poderá atingi-lo, a não ser que você mesmo aceite como verdade.

Veja o exemplo abaixo:

– Você é um burro!

– Burro é você! (neste caso, você aceitou que é burro)

Mas ele me ofendeu! Não! Ninguém consegue ofendê-lo, se você tem convicção de que não é burro. Agindo como no diálogo acima, você igualou-se ao mesmo nível, ou seja, está sendo um burro.

Desculpem, mas vou citar um exemplo de cachorro.

Sempre tenho visto cachorros do mesmo tamanho brigando muito feio.

Também tenho visto um cachorro pequeno latindo para um enorme, e este nem liga.

Sempre eu digo: "Seja como um cachorro grande"! Nunca fique nervoso ou abalado com o que os outros dizem! Mantenha sempre a serenidade na mente! Convicção e grandeza no coração para nunca ficar nervoso e, consequentemente, doente, porque você não é só seu, mas também do seu filho, da sua esposa, dos seus pais etc.

2º Aspecto: Quando alguém ofendê-lo ou brigar com você, há alguma coisa de errado com você. É muito fácil culpar os outros e ficar nervoso, encobrindo o seu defeito. Por essa razão, quando acontecer tal situação, faça autoanálise e procure aprimorar-se em vez de criticar os outros.

A pedra preciosa "BRILHANTE" irradia brilhos fascinantes e sublimes, com grande valor comercial, e é protegida com todos os cuidados e luxuosamente acondicionada.

Pergunta-se: Alguma pessoa de posse desse diamante o deixaria jogado no chão? Ou iria pisoteá-lo? Claro que não! Cuidaria dele com o maior zelo. Sabe por quê? Porque o brilhante é PERFEITO e MALAVILHOSO, e também é VALIOSO.

Mas mesmo esse brilhante não surgiu perfeito desde o início; antes era um diamante bruto com aparência feia, longe de ser um brilhante capaz de encantar as pessoas.

Para esse diamante se tornar um brilhante, ele passa por um processo "doloroso" repleto de fases de esmerilhamento, com a pedra de esmeril grosseira para arrancar a crosta bruta, até utilizar a pedra extremamente fina para o polimento final, tornando-se, assim, um brilhante com forma harmoniosa e de grande valor.

Pergunta-se: Atualmente, você é um diamante sem brilho ou se encontra em fase de "polimento" para se tornar um brilhante? Quando você virar um brilhante de grande valor, PERFEITO E MARAVILHOSO todo irão tratá-lo com muito respeito e amor, e certamente jamais algumas pessoas se atreverão a ofendê-lo.

Quando se trata de um pedregulho que existem aos montes em qualquer pedreira, ele só serve para ser jogado na estrada e lá pisoteado. Esse pedregulho, mesmo que polido, jamais se tornará um brilhante, por não possuir as qualidades de brilhante.

Você, sim, possui todas as qualidades na sua essência, muito mais perfeito e valioso do que a pedra preciosa, e esses valores se expressam por meio do amor. Portanto, nunca seja como um pedregulho que será pisoteado por todas as pessoas, por ser egoísta e malévolo.

Felizmente o ser humano não é como um pedregulho, assim, caro leitor, tenha consciência de que possui a perfeição e seja um brilhante, para ser amado e respeitado por todas as pessoas. Desse modo, o seu filho também será como um brilhante, saudável, física e mentalmente para brilhar na vida.

13

EDUCAÇÃO NA FASE DO BEBÊ

Vamos iniciar a educação, que é a fase mais importante, embora a maioria das pessoas não acredite que alguma coisa possa ser feita relacionada à educação para uma criança que acabou de nascer, e nem sequer fala e muito menos entende o que os pais falam.

A personalidade de uma criança consolida-se principalmente durante a gestação, e na fase de bebê em que ainda não fala. Se estiverem pensando em começar a educação após certa idade para educar com palavras, estão equivocados.

As crianças aprendem vendo os pais, e não por aquilo que falam, porque não funciona nem para as crianças o método de "Faça o que eu falo e não faça o que eu faço".

Você até poderá achar que a criança é ingênua, mas ela possui aptidão muitas vezes maior do que a de um adulto para entender a real personalidade dos adultos. Mas essas aptidões vão reduzindo-se na medida que vai aprendendo a língua.

Todas as crianças, ao nascerem, trazem as características e a personalidade consolidadas, porém, quando nascem, recebem influências dos pais, o que lhes encobre a individualidade, formando-lhes um novo caráter.

Para melhor compreensão, vamos comparar a situação com uma fruta, digamos, com a "goiaba". Esta, na sua essência, já possui a qualidade de goiaba. Se jogarmos centenas de sementes no meio do mato, quantas delas irão germinar? Quase nenhuma; talvez apenas uma.

Se deixarmos essa semente que germinou jogada no meio do mato, poderá não sobreviver, e eventualmente, se crescer e tornar-se um pé de goiaba e produzir a fruta, esta jamais terá condição de ser comercializada, devido ao seu tamanho reduzido, ou por ser "bichada", deformada e até ter manchas características de doenças.

Com as crianças também é a mesma coisa! Se não cuidar delas, educá-las, orientá-las, amá-las, prepará-las, fazê-las estudar etc., serão como uma goiaba estragada.

Todos os seres humanos, no seu âmago, possuem as qualidades perfeitas, porém, se não os educarmos com sabedoria, poderão tornar-se um incapaz ou um desvairado.

A educação consiste em trazer à tona as qualidades existentes no âmago de todas as crianças, enaltecendo os bons feitos.

A escola ministra o ensino das matérias didáticas, e não da educação; ter conhecimento intelectual, ser inteligente, dominar bem as matérias escolares não tem nada a ver com a educação a que nos referimos.

Lembrei-me da ocasião em que trabalhava em uma empresa multinacional onde ninguém aceitava candidatos arrogantes, mesmo que formados em universidades bem conceituadas do país.

Precisamos criar um filho de tal forma que se torne uma pessoa ideal, com todas as características de amabilidade e de quem faz o bem, e não como um computador "frio" e sem sentimentos de humanitarismo.

Em algumas facções ou em algumas etnias, educavam as crianças direcionando-as para criar a odiosidade contra os inimigos, treinando-as para massacrá-los e extingui-los.

A educação proposta pela Sabedoria Oriental Milenar é proceder exatamente ao contrário; devemos direcionar as crianças para criá-las com amor no coração e para serem bondosas para com todas as pessoas.

Os leitores poderão perguntar: "Mas como educar uma criança que acabou de nascer?".

É muito fácil; basta saber que todos os comportamentos dos pais se refletem diretamente na criança, formando a sua personalidade. Também é preciso saber que todos nós somos capazes de viver como verdadeiros "humanos", ou seja, com amor no coração.

Quaisquer desvios de comportamentos do filho, assim como qualquer acontecimento que ocorrer durante toda a sua vida, são de responsabilidade dos pais, por isso, não se pode esquivar-se da responsabilidade e da atribuição de ser um bom pai.

Os pais representam o pilar que sustenta toda a família; por meio da conduta deles se determina o futuro dos filhos, assim como o da família. Portanto, qualquer que seja o comportamento dos pais, por mais insignificante que pareça ser um gesto, ele se refletirá principalmente nos filhos.

Veja um exemplo:

Há alguns anos, conheci um senhor de idade avançada, o qual morava em um dos quartos de uma associação, como voluntário, para tomar conta do prédio, e ele mesmo preparava as suas refeições.

Vendo o sacrifício que ele fazia, meu filho e sua esposa levaram-lhe o jantar e disseram a ele que, a partir de então, levariam a ele o jantar todos os dias, para não ter de cozinhar mais.

Esse senhor recusou dizendo:

– Agradeço imensamente, porém não há necessidade de terem esse trabalho.

Meu filho insistiu:

– Não é trabalho nenhum para nós, por favor, aceite!

Ele respondeu:

– Na verdade, eu não gostaria de criar uma dívida na minha vida.

Meu filho disse:

– Eu acredito que o senhor tem o mérito e não seria uma dívida.

Mesmo assim, ele não aceitou.

Fim.

Fiquei admirado quando soube desse acontecimento, pela postura de ambas as partes. Sabemos que existem muitas pessoas querendo levar vantagens em todos os sentidos, muitas vezes prejudicando os outros, até estabelecimentos comerciais, como se estes fossem o pária da atividade econômica, agindo com muita sagacidade.

Posteriormente, conheci os filhos daquele senhor; evidentemente todos eram pessoas maravilhosas, formados nas melhores universidades do país, e atuando profissionalmente na vanguarda de todos.

As nossas atribuições aqui na Terra exigem que sejamos extremamente amorosos, amáveis, carinhosos, aprazíveis, bondosos, caridosos, filantropos, fraternos, piedosos, afáveis, corretos, honestos, educados etc., que são as características dos seres humanos que devem ser aprimoradas constantemente, jamais se seguindo o ditado popular: "Cada um para si e Deus para todos".

Lembre-se de que um pequeno ato de criticar, desrespeitar, brigar, causar prejuízo para alguém, ofender, levar vantagem, ser rude etc. aparentemente pode até levar a pessoa a se sentir superior ou pensar que é mais do que os outros, porém será inocente por não saber que faz muito mal para si mesma.

Este ato poderá resultar em avalanches de adversidade na sua vida, segundo as leis da natureza, além de influenciar o filho negativamente, criando um homem impiedoso e mordaz.

Infelizmente, muitas pessoas desconhecem essas leis que regem a vida de todos os seres humanos, embora nada tenham de complicado; basta lembrar que o filho do ganso será outro ganso, e nunca um faisão.

Essa maneira de viver amorosa, afável, piedosamente etc., além de criar um filho ideal e maravilhoso, formará um lar harmonioso, e todas as pessoas da família poderão desfrutar saúde e êxito na vida, protegendo-se contra qualquer mal que possa vir a afetá-las. Não se trata de um sonho, mas regras que regem todos os seres humanos.

Levar a vida de qualquer jeito poderá ter como resultado uma sucessão de dissabores, com inúmeros acontecimentos desastrosos, que poderão ser evitados se viverem em conformidade com a Sabedoria Oriental Milenar. Desejo que um grande número de pessoas tenha acesso a este livro.

Para tanto, dependo de leitores o divulguem para todos os seus conhecidos, como um ato de amor, a fim de lhes proporcionar uma vida digna e muitas felicidades.

É muito agradável e gratificante viver em conformidade com a Sabedoria Oriental Milenar. É muito complicado e sofrido viver em desarmonia, enfrentando inúmeras desventuras na vida.

Viver bem e feliz, desfrutando todas as coisas boas da vida, é como dirigir um veículo novo em uma estrada asfaltada, desfrutando todas as comodidades.

Para ir a um determinado lugar, é preciso saber dirigir e conhecer as regras de trânsito e, principalmente, o caminho. Para se viver bem e feliz, é preciso conhecer as "dicas" deste livro.

Esta é a educação da criança na fase de bebê, com os próprios exemplos dos pais e não com palavras, e, acima de tudo, aos pais cabe a atribuição de criar os filhos da melhor forma possível, para que as próximas gerações sejam mais fraternas e correspondam às expectativas do Criador dos seres humanos.

Saiba que você é quem faz o mundo melhor para se viver.

14

PROTEJAM O SEU FILHO COM A SABEDORIA ORIENTAL MILENAR

Vamos agora tratar de um assunto de extrema importância, que se refere à proteção do bebê. Para que possamos criar um filho protegido, além dos cuidados que já tomamos constantemente com os nossos cinco sentidos, precisamos fazer uso de todos os recursos existentes na vida e no Universo, ou seja, postura mental, oração, harmonia, raciocínio positivo, regras de causas e efeitos, regras de compatibilidades, regras da natureza e Sabedoria Oriental Milenar.

Na verdade, o ser humano possui uma visão muito boa e eficiente, razão pela qual acredita somente em coisas visíveis e palpáveis, que são as matérias, e deixa de acreditar em fenômenos invisíveis, em fatos intangíveis e em coisas imateriais e abstratas.

É preciso saber que a nossa visão é material, enxerga somente a matéria com certas limitações e não enxerga aquilo que é extremamente pequeno, como o micro-organismo, bactérias, vírus, micróbios; também não enxergamos partículas de átomos, elétrons e muito menos a vida nas sementes, as ondas eletromagnéticas, os espíritos, as leis que regem os seres humanos.

Existem muitos fenômenos invisíveis que exercem influências em nossas vidas. São esses enigmas que precisamos conhecer e aplicar na vida cotidiana, para que possamos viver protegidos e também proteger nossos filhos, com essas forças invioláveis e imutáveis existentes neste mundo.

Sabemos que depender somente dos nossos cinco sentidos extremamente limitados, jamais seria possível proteger totalmente o pequeno filho.

Jesus dizia para procurar a verdade em primeiro lugar.

Mesmo sendo uma frase conhecida por todas as pessoas, até nos dias de hoje existem pessoas que não acreditam nela ou não estão entendendo-a. É muito simples: a "verdade" significa conhecer o procedimento, as leis, os meios, as regras da vida etc.

Assim, por exemplo, para saber usar o computador, é preciso conhecer o procedimento e as regras de uso, caso contrário, não poderá acessar as maravilhas que o computador poderá oferecer; uma vez conhecendo essa verdade, terá liberdade total em utilizar os recursos do computador.

Embora sejam coisas evidentes, quando as pessoas deparam com um assunto que desconhecem, deixam de acreditar, tachando que é uma mentira e acreditando em má sorte ou em coincidência, culpando os outros e crendo tão somente em fatos visíveis materiais. Desse modo, vivem na dependência de seus limitadíssimos cinco sentidos, sujeitando-se às "chuvas e trovoadas" na vida.

Existem várias formas de proteger o filho, entretanto, um determinado comportamento poderá anular completamente todos os meios de proteção que são: as brigas, as desarmonias, o nervosismo, a raiva, o ódio, a maleficência, a crueldade, a mordacidade etc.

Portanto, antes mesmo de conhecermos os meios extremamente seguros para proteger nosso filho, precisamos saber os meios para controlar a mente e de ter o próprio domínio, para nunca perder o autocontrole e manter sempre a serenidade na mente, para que possamos nos conectar com a força oculta existente no Universo.

O primeiro passo é manter a mente tranquila, porém ainda não é suficiente para conectar-se com a força oculta existente no Universo.

Para se conectar com essa poderosa força oculta, é preciso, além do equilíbrio mental, preencher a mente com sentimentos de afeto, benquerença, fraternidade, respeito, harmonia e amor. Caso contrário, não será possível fazer o uso da milagrosa força oculta existente no Universo.

Existe dentro de todas as pessoas algo extremamente negativo que lhe provoca muito mal em todos os sentidos da vida, assim como no estado de saúde; esse algo negativo é o maior inimigo da vida, e chama-se "nervosidade". Temos de retirar esse mal a qualquer custo de nossa vida, para que possamos viver bem, livres do ódio, da raiva, do rancor, da cólera, da ira etc.

Para eliminar esses valores negativos, é preciso:

1. Exculpar às pessoas incondicionalmente.
   Na verdade, você pode até pensar que está perdoando, porém você o estaria fazendo para não ser afetado pela irritação e sentir-se mal e, principalmente, para não se assemelhar com coisas negativas e atrair desavenças e adversidades para sua vida.
   Para perdoar, repita constantemente a frase abaixo:
   "Eu amo você e tornamo-nos amigos de verdade."
2. Veja o ditado popular:
   "Quem perdoa será perdoado."
3. O homem é um ser social que depende de outras pessoas para sobreviver, portanto, todos são irmãos de igual valor. É imperativo que viva reconciliando-se com todas as pessoas. Em hipótese alguma, alguém é mais do que os outros; não é o salário e nem o cargo que determinam a importância de uma pessoa.

"Seja humilde e procure abençoar todas as pessoas que cruzarem a sua vida".

4. Todos os seres humanos, por questão de sobrevivência ou por instinto de autodefesa, conservam no seu interior a tendência de "egoísmo" para priorizar o "EU", desdenhando os outros.
   Acabe com o egoísmo, que é um dos maiores inimigos de sua vida. Conserve na sua mente o princípio da Sabedoria Oriental Milenar:
   "Ser profícuo às pessoas, em todos os momentos da vida."
5. Não brigue com o cônjuge de maneira alguma; estar com a razão não vale para nada, a não ser para criar desarmonia e atiçar ainda mais a briga, que é a pior coisa de sua vida.
6. Para nunca criar conflito com as pessoas, repita a seguinte frase todos os dias:
   "Eu amo vocês com muito respeito e carinho, e vocês me amam também da mesma forma."

Após incorporar tais valores como seu modo de viver daqui para frente, você estará apto para sintonizar-se com o misterioso poder oculto que controla todos os seres humanos.

Devido às preocupações e o medo, as pessoas imaginam coisas inconvenientes que possam acontecer com o filho, sem saber que o pensamento forte, acompanhado de emoção, poderá tornar-se realidade. Por isso, vigie sempre o seu pensamento, para não sintonizá-lo com coisas nocivas.

Quando passar por sua mente alguma preocupação danosa ou tenebrosa, procure imediatamente neutralizar a imaginação, para impedir que ela se concretize de fato, repetindo diversas vezes a frase:

"As vibrações do mundo perfeito neutralizam todas as imaginações maléficas."

Todos os dias pela manhã protejam o seu filho com a poderosa energia Onipresente no Universo, repetindo diversas vezes a frase:

"Imensa gratidão pela proteção de todos nós da família e, em especial, a proteção de meu filho (nome) no dia de hoje."

Para que esse fato se concretize, é preciso, em primeiro lugar, acreditar nele intensamente, sem qualquer margem de dúvida, e é necessário que repita diversas vezes a frase e fique tranquilo.

O seu filho será protegido com a força das regras ocultas, existentes no Universo.

Caso surja alguma preocupação no decorrer do dia, ela estaria anulando a repetição da frase feita pela manhã; nesse caso, onde quer que esteja, deve acalmar a mente e repetir a frase diversas vezes, até criar a convicção novamente. Esta é a forma mais eficaz para a proteção de seu filho.

Naturalmente, tudo o que os pais devem fazer para a proteção do filho, faz parte da atribuição dos pais, ou melhor, é a parcela de responsabilidade que cabe aos pais.

Os fatores de segurança que não dependem dos pais devem ser deixados por conta da força Onipresente do Universo, que cuidará perfeitamente de seu filho.

Pessoas que desconhecem essas Leis da vida vivem dependendo de seus limitadíssimos cinco sentidos, infelizmente. Depois que acontecer a tragédia, será muito tarde para remediar a situação.

Citarei novamente a frase que presenciei, quando da minha visita ao Japão:

"Vamos cuidar de nossos filhos e também dos filhos dos outros."

Por favor, vamos cuidar das crianças com a Sabedoria Oriental Milenar. Cuidar corretamente delas requer conhecimentos dessa Sabedoria, e jamais devemos criá-las com displicência para evitarmos problemas no futuro.

Para dirigir bem, é preciso ir à autoescola para aprender a dirigir, e também estudar as leis de trânsito, para não causar qualquer tipo de infração e/ou acidentes.

Para cuidar bem de seu filho, é preciso estudar bem a Sabedoria Oriental Milenar e conhecer a existência de regras que regulam as vidas de todas as pessoas do mundo.

Outro assunto extremamente importante para proteção do filho é a segurança, a saúde e o sucesso profissional dos pais, pois o bebê depende deles para viver neste mundo. Por ser um assunto extremamente complexo, os leitores poderão ler outros livros de minha autoria. Entretanto se viverem em conformidade com este capítulo, poderão desfrutar de uma grande parcela de sua vida com muita segurança.

Por que uma simples repetição de palavras pode trazer resultados concretos? Não dá para acreditar?

Então vejamos as explicações no próximo capítulo, porque, sem acreditar, não haverá resultado algum. Também é de extrema importância saber formar a frase corretamente, para não trazer resultados adversos.

Prepare-se para conhecer o segredo do mundo oculto Onipresente no Universo, para que você possa utilizar essa poderosa força e ser vencedor em todos os sentidos da vida e, acima de tudo, ter um filho ideal.

15

CONHEÇA O SEGREDO DA VIDA PARA CUIDAR DE SEU FILHO

A maioria absoluta de pessoas desconhece a poderosa força oculta existente no Universo. Existem muitos misticismos em relação a esse poder invisível; uns dizem que é "Poder de Deus", ou o próprio Deus; outros dizem que é "mentira" ou coisa de fanatismo; a maioria das pessoas não acredita ou desconhece totalmente. Há pessoas que não acreditam por ser ateístas ou por não ser religiosas. Também as pessoas mais cultas dizem que é tudo psicológico e não se trata da existência de forças ocultas.

A verdade é que, mesmo o ateu, quando contrai uma doença grave, reza para Deus, pedindo para curar-se. Isso porque, no seu inconsciente, sabe da existência de uma força oculta que poderá salvá-lo, porém não conhece os meios para utilizá-la.

Também, popularmente, se diz: "*Seja otimista e não seja pessimista!*"

Na verdade, mesmo que desconheça ou não acredite nessa força poderosa, no fundo do subconsciente, aloja-se a essência do ser humano, que inconscientemente sabe da existência de algo que poderá mudar o seu destino para melhor. Esse "algo" é a força misteriosa e poderosa que existe em todo o espaço do Universo.

Caro leitor, qual seria a sua opinião? Concorda ou não? Caso não concorde com mais essa verdade da Sabedoria Oriental Milenar, infelizmente terá de viver em dependência total de seus limitadíssimos cinco sentidos: *olfato – paladar – tato – visão – audição.*

Seja você também um vencedor, utilizando todas as forças Onipresentes que existem no Universo, e deixe de viver somente com seus limitadíssimos cinco sentidos. Se você não conhecia tais forças, agora vai conhecê-las e poderá utilizá-las de uma forma correta, empregando essas misteriosas energias poderosas a seu favor.

Serão revelados esses segredos, aqui e agora, sem nenhum misticismo e com clareza total, para que os leitores possam beneficiar-se deles, para proteger o seu filho assim como toda a sua família.

Antes, porém, nunca se deve desprezar qualquer que seja o pressuposto, caso se desconheça o assunto. Sabemos que hoje existem muitas coisas que aparentemente eram impossíveis para os leigos no assunto.

A Sabedoria Oriental Milenar revela milhares de segredos da vida, os quais antigamente eram privilégio de algumas pessoas e quase ninguém tinha acesso a eles, e até nos dias de hoje continuam encobertos com misticismos enigmáticos, indecifráveis para a grande maioria das pessoas.

É muito simples conhecer esses segredos; vamos compará-los com a TV.

Sabemos que todo o espaço está preenchido com as diversas imagens de filmes, transmitidas através de ondas eletromagnéticas para a TV, embora não as enxerguemos com a nossa visão.

Para captar essas imagens em um aparelho de TV, precisamos sintonizá-lo com determinada frequência de cada canal de TV, selecionando, assim, a imagem desejada, pois existem várias cenas de filmes mostrando crimes; há, ainda, notícias, desgraças, brigas, mortes, novelas etc.

Portanto, a pessoa escolhe o tipo de programa e sintoniza-o com a mesma frequência da transmissora para receber a imagem de TV que desejar.

No espaço, existem as forças ocultas, que por ora chamaremos de "segredo da natureza", que são Onipresentes e Oniscientes, sendo inalteráveis e invioláveis, compostas por segredo da mente, segredo da compatibilidade, segredo da causa e do efeito, segredo do mundo material e leis de Deus.

Esses segredos são extremamente complexos, portanto, serão colocados como um prefácio para que se conheça como elas atuam na vida das pessoas, sem que nos aprofundemos na sua estrutura complexa.

Para não complicar muito, vamos esclarecer somente o segredo da mente, que rege em conformidade com os pensamentos. Estes são expressos em palavras que se tornam uma oração ou repetição de pensamentos, assemelhando-se com a prática meditativa.

Para não remeter a uma conotação religiosa, embora não tenha nada a ver com religião, continuaremos usando o termo "repetição de pensamentos". O termo "Oração" está correto também; o importante é a seriedade em praticar e acreditar enfaticamente.

Da mesma forma que existem diversas imagens de TV no espaço, existem também energias cuja função é a de absorver os pensamentos verdadeiros dos homens e concretizá-los neste mundo material, como se fossem o "Gênio da Lâmpada de Aladim" que atende ao pedido. Não se trata de brincadeira; é assim que funciona este misterioso poder do Universo.

Por acaso o leitor notou que eu disse "pensamentos verdadeiros"? Isso implica se está de fato sentindo e acreditando para realizá-los. Os pensamentos vagos e sem consistências, desejos, súplicas, mendicância, estarão dissipados no espaço e não serão atendidos.

Pensamentos de querenças como: "Eu quero ser rico" não serão realizados devido à premissa do pensamento verdadeiro de carência, que está motivando o querer ser rico; logo, irão realizar ainda mais a carência. Essa é uma forma errada de querer utilizar a força do Universo, além de reforçar ainda mais o pensamento verdadeiro de carência.

Outro exemplo: "Deus, proteja a minha filha" é uma oração equivocada, ainda que quase a totalidade de pessoas ore dessa forma. Essa forma de orar é um pedido, ou seja, é um ato de súplica. Nesse caso, também ocorrerá a desproteção. É o mesmo que orar: "Deus, não proteja a minha filha".

As afirmações positivas ou de uma oração não se trata de um desejo, ou de uma súplica, ou de uma mendicância. É preciso que se formule a frase como se já tivesse recebido o que deseja, assim:

- Agradeço profundamente pela proteção de minha filha, no dia de hoje.
- A sabedoria do Universo orienta e protege todos os meus familiares, no dia de hoje.
- A vida perfeita predomina todo o meu ser com saúde, perfeição e muito amor.
- A riqueza flui em avalanche de abundância na minha vida.
- Todos os dias, em todos os sentidos, estou cada vez melhor.
- Sou protegido, sou abençoado, sou feliz e sou saudável.
- Eu amo todas as pessoas, por isso todas as pessoas me amam.
- Eu amo (a fulano de tal), por isso, a cada dia que passa, estou mais feliz.

- A poderosa força oculta do Universo me protege e orienta constantemente.
- Eu amo todas as pessoas, por isso todas as minhas orações são atendidas.
- Hoje, por meio do meu serviço, dedicarei para ser útil à maior quantidade de pessoas.
- As vibrações das forças do Universo me protegem durante todo o percurso até (o local).
- Este caso será resolvido com a ordem de Deus.

Todas as vezes que repetir as frases acima com convicção de que já foi atendido e com a mente serena, isento de pensamentos mordazes e com amor no coração, inevitavelmente todas as colocações feitas se realizarão na sua vida.

Muitas pessoas dizem que a "oração" não funciona; evidentemente, as orações feitas de uma forma equivocada não funcionarão, além de surtirem efeitos adversos.

As pessoas não devem acreditar na sua fragilidade e ter pensamentos de esperar pela compaixão dos outros, ou sentimentos de amparar-se em algo Superior, para sanar a debilidade. Lembre-se de que você possui um enorme potencial no seu interior, desde o nascimento.

Na verdade, todas as pessoas possuem a origem perfeita e a capacidade infindável em todos os sentidos, porém muitas não estão exteriorizando esse potencial nato. Por essa razão, as pessoas fazem orações centradas em pedidos de uma forma equivocada, o que resulta em fracasso.

O primeiro passo é acreditar no seu potencial e criar uma convicção inabalável de que possui a inteligência e a capacidade infinitamente grandiosa e assim, toda vez que repetir a frase de uma afirmação, o resultado será inevitavelmente positivo.

Por essa razão, é muito importante na vida saber selecionar o que se quer, e comunicar isso à poderosa força oculta para ser atendido, por meio de uma oração.

Não acreditar na oração é o mesmo que viver não acreditando no poder oculto existente no Universo, vivendo em total dependência dos seus limitadíssimos cinco sentidos, sujeitando-se às mil desditas na vida, e não adianta reclamar! Sabem por quê? As forças ocultas estão presentes exatamente para ajudar todas as pessoas, porém ninguém é obrigado a usufruir desse magnífico poder, dessa sabedoria e provimento ilimitados, disponível para todas as pessoas. É livre-arbítrio!

Da mesma forma que ocorre para assistir à TV, é preciso definir o que se quer assistir, e, em seguida, sintonizar no canal desejado. "Para usufruir o poder das forças ocultas do Universo", é preciso saber o que se quer e, em seguida, escolher a frase acima e repeti-la diversas vezes até que se realize.

Por favor, acredite na Sabedoria Oriental Milenar e crie o seu filho recorrendo a ela. Inclusive você, Papai e Mamãe, que são as pessoas mais importantes do mundo para seus filhos, adotem definitivamente a Sabedoria Oriental Milenar, a fim de que seja o seu modo de viver de agora em diante, para ser muito feliz, próspero e levar uma vida abençoada e com abundante riqueza e alegria.

Como devemos demonstrar um verdadeiro amor ao nosso filho? Muito simples: basta você, Papai e Mamãe, nunca se darem ao luxo de adoecer e nem ser o primeiro da lista de demissionários, não brigarem com ninguém, não ficarem nervosos, não esperarem pelo reconhecimento dos outros, sendo muito educados e simpáticos com todas as pessoas.

Essa é a forma correta de amar o seu filho. Amar de verdade não se trata de ficar paparicando-o; é preciso criá-lo com o seu próprio exemplo e ser vencedor na vida, em todos os sentidos. Seja uma pessoa que merece a aprovação do Criador em todos os seus atos e nunca espere por reconhecimentos dos outros ou pela compaixão de alguém.

Uma coisa muito importante e indispensável é saber que quaisquer atos malignos, nervosismos egoísticos, pensamentos de maldades etc. anulam tudo e qualquer resultado otimista que poderão beneficiar-se com as práticas acima. Depois, não venha dizer que a oração não funciona! Com certeza, ela não funcionará se a pessoa estiver com a mente repleta de mágoas, ódios, raivas, nervosismos, maldades, espíritos de mendicâncias etc.

Outros fatores muito importantes para criar conexão com as forças poderosas do Universo, e assim realizar todos os desejos na sua vida, dependem principalmente de sua capacidade de acreditar ou não. Muitas pessoas dizem que é preciso ter fé; eu diria que se trata de ter ou não convicção, e não a fé.

Na minha concepção, "ter convicção" é muito diferente de "ter fé". Busquei no dicionário o real sentido da palavra "fé" e cheguei à conclusão de que se trata de confiar, acreditar e crer cegamente, o que poderá levar a um fanatismo ou a seguir o caminho errado, por ingenuidade.

Então, surgiu a dúvida: *"Confiar em quem? Por que devo confiar? Acreditar em quê? Por que devo acreditar?"*.

Será que sou obrigado a acreditar em forças ocultas e invisíveis, que o autor diz existirem no espaço? Não seria o mesmo que acreditar em Papai Noel? Ou acreditar em Deus? Devo acreditar só porque está escrito no livro *Sabedoria Oriental Milenar*? Claro que não!

Não! Caro leitor, eu jamais lhe pediria que acreditasse em algo impalpável, invisível, enigmático, místico, que são coisas inexplicáveis, no pleno século XXI. Por essa razão, nunca pretendo usar a palavra "fé"; eu uso a palavra "convicção".

Convicção é ter a certeza absoluta por meio da própria experiência. Convicção é acreditar em algo concreto, e em algo explicável, e/ou em algo que possa ser comprovado.

Entretanto, por se tratar do enigma da vida, muitas vezes as explicações são inviáveis para ser colocadas no livro, devido à sua extrema complexidade, o que tornaria a leitura pesada, difícil e até muito complicada.

Eu acredito que, no interior de todas as pessoas, existe algo perfeito que se originou do Criador; por isso, quando uma pessoa entra em contato com a verdade, cuja origem vem do Criador, identifica-se com ela, como as colocadas neste livro, e sente a veracidade das colocações.

Para comprovar a veracidade das informações contidas neste livro, basta também colocá-las em prática, seguindo todas as orientações para obter o resultado esperado. A soma dessa prática com as próprias experiências forma uma estrutura inabalável que se chama "convicção".

A convicção não implica acreditar cegamente em coisas impalpáveis e depois ter de colher a decepção de que o Papai Noel não existe; era uma mentirinha para enganar as crianças.

Caro leitor, saiba que a convicção é tudo na vida das pessoas, portanto, tenha convicção em tudo, seja para criar um filho exemplar, seja para viver honestamente, seja para ser um excelente profissional, seja para ser útil às pessoas, seja para ser um grande empresário.

Nunca trabalhe para levar vantagens, criar desarmonias, maltratar as pessoas, enfraquecer a estrutura econômica do país e, no mínimo, jamais roube, ou obtenha o que não lhe é devido.

Lembre-se de que todos os atos, sejam eles bons ou maus, retornam para a própria pessoa, multiplicados em milhares de vezes. Assim, recomendo a todos que sejam humildes, amorosos, educados, gentis, benevolentes e atenciosos.

Aproveitando esse espaço onde estamos abordando as forças ocultas existentes no Universo, é de suma importância conhecer também a existência de outras forças poderosas, por exemplo, a existência de uma "força oculta de justiça" que rege todos os seres humanos, mesmo que as pessoas não acreditem nela ou a desconheçam.

Essa "força" também tem poderes Onipresentes e Oniscientes, isto é, está presente em todos os lugares e até nos pensamentos de cada pessoa, e fica sabendo de tudo, portanto, você jamais conseguirá enganar essa poderosa força oculta da justiça.

A maioria das pessoas desconhece ou não acredita na existência dessa força que estabelece a justiça no mundo dos homens.

Qualquer pessoa pode comprovar a afirmação acima observando o grande número de indivíduos que vivem exercendo atos malignos, roubando, ofendendo, tentando prejudicar as pessoas e os estabelecimentos comerciais, com puro egoísmo e com muita maldade no coração, acreditando que estão com a razão e também fazendo a tentativa de vingança com o espírito demoníaco ou de querer levar vantagem. Esses indivíduos devem sentir-se superiores em relação às pessoas que eles prejudicam, mas pensam que estão vivendo com astúcia e que podem fazer de tudo e nada lhes acontecerá!

Caro leitor, será que não vai lhes acontecer nada? O Criador que fez tantas coisas maravilhosas e perfeitas neste mundo será que o fez tão imperfeito e injusto? Claro que não!

Na sociedade dos homens, não acontece nenhum tipo de represália, a não ser que a parte afetada leve o caso à justiça, para ser julgado com a justiça dos homens. Mesmo que estes atos malignos sejam condenados, e com quase certeza o serão, o prejuízo ou a represália é pequeno, se comparado com a justiça da força oculta do Criador, existente em toda a parte do Universo.

A Sabedoria Oriental Milenar diz que quaisquer atos malignos, por menores que sejam, têm as suas consequências, regidas pela lei de causas e efeitos, com desditas e sofrimentos inimagináveis, abrangendo todos os familiares também.

Acredito que todos nós teremos satisfação de divulgar essa obra da Sabedoria Oriental para o maior número de pessoas, com muito amor, a fim de criar um mundo mais fraterno, amoroso e mais justo, ou seja, um mundo perfeito.

Caro leitor, por favor, utilize a sua influência, a sua amizade, o seu conhecimento, a sua capacidade, o seu amor, para divulgar este livro para todos os cantos do país, e receba a Benção do Criador por esse ato de amor.

Vamos agora conhecer a educação dos filhos na fase infantil, nos próximos capítulos. Quem ama o filho adota a Sabedoria Oriental Milenar para cuidá-lo. Assim sendo, o seu filho será no futuro uma grande personalidade, dotado de amor no coração.

3
FASE INFANTIL

16

EDUCAÇÃO DE LOUVAR OS BONS ATOS

Por favor, cuide do seu filho com a Sabedoria Oriental Milenar.

Vamos abolir por completo os antigos hábitos de educar os filhos com broncas, dando-lhes castigos, muitas vezes até físicos, trancando-os nos quartos, criticando-os, mostrando-lhes um desvio de comportamento, falando forte para oprimir, exercer autoridade, exigir que obedeçam, perder a paciência, gritar etc.

A educação não se trata de moldar a criança da forma desejada e/ou abarrotá-la com informações para preenchê-la de fora para dentro, pensando que é preciso ensinar-lhe bons modos e obrigá-la a estudar com broncas e castigos.

A forma correta de educar as crianças é extrair as qualidades perfeitas, existentes no interior de todas elas, por meio de palavras de amor e louvando lhes todos os atos positivos, por menores que sejam.

Impor a educação de fora para dentro é uma forma equivocada de educação convencional.

A educação é como se fosse uma pedra preciosa, um "diamante". Para extrair-lhe os brilhos, é preciso lapidá-la com muita técnica e profissionalismo, isto é, com o amor. O diamante já possui na sua origem as qualidades maravilhosas de um brilhante, por isso, quando passa pelo processo de lapidação, exterioriza as suas qualidades originais, tornando-se brilhante de grande valor.

As crianças também são como um diamante bruto, as quais possuem originariamente inteligência e capacidade infindável no seu interior, portanto, não existem crianças "burras" e nem inteligentes; tudo depende do educador saber ou não extrair as qualidades já existentes em todas elas.

Embora com todas as qualidades, cada criança apresenta certas características, tendências ou habilidades natas em determinados segmentos. Entretanto, não ser bom em algumas coisas não significa que é um "burro", como no meu caso, que era muito ruim em todos os esportes, principalmente no futebol.

No país do futebol, quem não sabia jogá-lo era considerado um debiloide ou se pensava que lhe faltava alguma coisa. Em todas as aulas de educação física, eu ficava extremamente complexado e achava que faltava algum parafuso na minha cabeça. Mas hoje tenho certeza absoluta de que não falta parafuso algum na minha cabeça, ainda bem!

Eu, quando era criança, cantava muito mal e fui tachado de "Onti", que significa desafinado ou raquítico em distinguir o som. Com esse título que ganhei, criei na minha mente um grande complexo em relação à música, e este título me perseguiu por toda a minha vida e nunca tive a coragem de cantar diante de algumas pessoas.

Alguns anos atrás, eu me questionei: Será que sou um desafinado irremediável, a ponto de não conseguir distinguir as tonalidades musicais? Para tirar a prova, comprei um aparelho de videokê e cantei aquelas músicas que antes cantava somente no banheiro.

Quer saber qual a nota que saiu na tela da TV? O quê? Nota zero? Não! Não era tão ruim assim, mas era uma nota muito baixa. Fiquei envergonhado, porém criei um desafio para melhorar o meu desempenho.

Cantava cerca de três a quatro horas todas as noites, e em pouco tempo cheguei a tirar a nota máxima, que é 99, em todas as músicas que cantava. Está vendo? Não era nenhum raquítico em som! Era apenas falta de orientação e treino.

Por favor, todos os pais e educadores acreditem na Sabedoria Oriental Milenar e não implantem complexos em nenhuma criança.

As responsabilidades dos pais e dos educadores são tão grandes que podem arruinar toda a vida de uma criança, assim como podem criar um gênio ou um grande vencedor na vida.

A proposta da Sabedoria Milenar é criar, em primeiro lugar, uma pessoa com grande amor no coração, que saiba respeitar e amar os pais, os ancestrais, os familiares, os parentes e os amigos, os funcionários, as pessoas, as crianças, e ser útil às pessoas, assim como ser inteligente e um vencedor na vida, e ser feliz, saudável, alegre, próspero e abençoado pelo Criador.

A forma mais eficiente para criar ou educar a criança é elogiar e enaltecer os atos positivos acompanhado de sentimento de amor, para fazer manifestar nas crianças a bondade e a capacidade que possuem no seu interior. Qualquer tentativa de impor de fora para dentro não surtirá qualquer efeito.

O meu filho estudou em uma escola de origem religiosa, na qual as atividades religiosas eram intensas, mas, mesmo com todos os esforços da escola, direcionando meu filho para ser um seguidor de religião da escola, não conseguiu influenciá-lo e nem os outros colegas, com exceção dos alunos cujos pais já eram da mesma religião.

Não adianta educar o filho com palavras, dizendo-lhe inconscientemente "Faça o que eu falo e não faça o que eu faço". Os filhos seguem os pais, ou seja, serão iguais a eles, como se fossem um reflexo dos pais.

A minha queridinha netinha completou três anos e, com essa idade, ela já arrumava a mesa para a refeição. Todas as vezes que trazia o copo ou os talheres, a mãe dizia: "Obrigada, Má, como você é boazinha! Muito obrigada por ajudar a mamãe!".

Eu também, quando presenciava alguma coisa boa que ela fazia, não perdia a oportunidade de elogiá-la: "Oh, Má, parabéns, eu adoro você porque ajuda a mamãe!".

Ela se tornou cada vez mais boazinha, obediente, educada, e ajuda sempre a mamãe, o papai e a sua irmãzinha, além de ter demonstrado muito amor com todas as pessoas, tornando-se uma criança maravilhosa.

Todas as pessoas a adoram; constantemente ouço dizer que a Má é uma criança muito especial e maravilhosa. Também ela nunca ficou doente, e sabem por quê? Ela está sendo educada com a Sabedoria Oriental Milenar. Assim é também com minhas outras netinhas.

Nunca ninguém precisou dar uma bronca nela, muito menos ter de bater-lhe, trancá-la no lavabo ou fazer o uso de autoridade dando bronca com a voz forte, como é citado em alguns livros de educação, que seria uma forma equivocada de educar.

Infelizmente, conheço várias crianças que sempre estão doentes, brigam constantemente com outras crianças, choram sempre, não obedecem a ninguém, a mãe reclama sempre do filho. É muito triste ver essa situação, consequência da ausência de conhecimento da Sabedoria Oriental Milenar.

Todas as crianças são boazinhas, inteligentes e perfeitas

Quem não quer um filho maravilhoso, educado, prestativo, comportado, saudável, obediente, amável, inteligente, bondoso? Será impossível? Não! Não é impossível, não! Sabem por quê?

Na verdade, todas as crianças possuem, na sua essência, todas essas qualidades, bastando extraí-las com a forma correta de educação e não denegri-las com uma educação equivocada, para não encobrir essas características maravilhosas que as crianças possuem.

Vejamos a educação da Sabedoria Milenar

Em primeiro lugar, por favor, acredite que o seu filho é maravilhoso, inteligente e bondoso. Saiba que as crianças se manifestam de acordo com os conceitos dos adultos, principalmente dos pais.

Os educadores poderão criar um gênio, um vencedor ou até um complexado, como foi no meu caso, quando recebi uma educação equivocada. Vou dizer mais uma vez: Não existem crianças burras e nem ruins.

Não saber extrair a bondade e a inteligência das crianças não quer dizer que elas estão desprovidas de tais qualidades.

É preciso estar ciente dos dois aspectos:

1. A maneira como a criança se manifesta de um jeito indesejável, por exemplo, sendo desobediente, malcriada, teimosa, chora por qualquer coisa, adoece sempre etc.
   Essas são as características de uma criança que recebeu a educação errada. Mas não é necessário se preocupar, por serem características aparentes que podem ser mudadas, recorrendo-se à educação correta da Sabedoria Oriental Milenar. Não deve combater de frente, tentando corrigi-la, para não piorar ainda mais a situação.
2. No interior de todas as crianças, existe o amor, a bondade, a inteligência e a capacidade ilimitada.
   Extrair essas qualidades positivas é a função dos educadores. Tais qualidades são natas (característica original) dos seres humanos e, portanto, jamais deixarão de existir.

A partir de agora vamos iniciar a educação correta, partindo da premissa de que o seu filho é maravilhoso em todos os sentidos, e que possui todas as qualidades positivas, sem se prender em um aspecto manifestado que pode ser mudado com a Sabedoria Oriental Milenar.

A educação correta consiste em aumentar as qualidades positivas e reduzir por si só os comportamentos inadequados, sem nenhuma repreensão.

Saibam que repreender uma criança, todas as vezes que ela agir de uma forma errada, com o intuito de corrigi-la, é o mesmo que ficar cutucando a ferida. Essa forma de educação equivocada acentuará ainda mais os comportamentos indesejados da criança. Além de estressar os pais, alimentará ainda mais a revolta.

Pergunta-se: Quem gosta de receber uma bronca ou que alguém lhe chame atenção? Eu não gosto! Você, caro leitor, gostaria de receber uma de alguém? Certamente que não. As crianças também!

Todos nós temos defeitos; as crianças os têm igualmente. Imagine o comportamento da criança segundo a concepção dos adultos. Portanto, não deve dizer constantemente a ela que não pode fazer isso, não pode fazer aquilo, não pode fazer nada!

Quanto mais louvar os bons atos, mais vai aumentar-lhe as boas maneiras, e os valores negativos desaparecerão gradativamente, até sumirem por completo.

Muito cuidado para não fazer elogios errados, chamando a criança de princesinha, dizendo-lhe "você é bonita", "você é mais inteligente do que", para não alimentar o ego dela.

Todos os dias, os pais devem louvar e valorizar os bons atos da criança, por menor que sejam seus bons atos, e sempre pedir-lhes para fazer alguns serviços, agradecendo-lhe sempre.

Assim, a criança será cada vez mais boazinha e maravilhosa, e jamais haverá de chamar a atenção, sendo, ainda, bem quista por todos.

Essa forma de educação, junto à total harmonia no lar, somada aos conhecimentos da Sabedoria Oriental Milenar, jamais despertará quaisquer problemas para seus filhos, inclusive na saúde.

Os pais e educadores são como lapidadores de diamantes, pois, por meio da habilidade no seu trabalho, transformam o diamante bruto em pedras preciosas de grande valor comercial. Por favor, senhores educadores, com muito amor no coração, façam com que todas as crianças manifestem as essências perfeitas e tornem-se pessoas de grande valor.

17

NÃO FAÇAM ELOGIOS ERRADOS

No item anterior, conhecemos a educação de elogios, ainda que não se trate de elogiar indiscriminadamente por quaisquer atos ou comportamentos, por exemplo:

- Dar risada quando a criança debochar de alguém.
- Filha, você é mais inteligente do que a sua amiga!
- Você bateu naquele moleque? Fez muito bem!

Não seria um absurdo fazer esses tipos de elogios? Mas há pais que fazem isso, sem saber que estão criando um filho arrogante, egoísta, malcriado e, acima de tudo, um infeliz, porque ninguém gosta de uma pessoa com esses tipos de valores.

Também é muito comum os pais chamarem a filha de "princesinha", devido ao carinho e ao apego excessivo à filha, sem saber das consequências desastrosas que poderão causar à criança, quando ela descobrir que não é princesa alguma.

Eu mesmo, muitas vezes, fico com vontade de chamar as minhas netinhas de princesinhas, entretanto faço de tudo para não chamá-las dessa forma, e recomendo a todos que não façam qualquer tipo de elogios que alimentem o ego da criança.

A sua filha poderá ser até muito mais do que a princesinha, e também não deixa de ser a princesinha da família, porém sabemos que o nosso conceito de princesa é outro. Por isso, um dia, quando ela crescer e descobrir que não é uma princesa, ela poderá ficar muito revoltada, sentir que foi enganada e questionar:

"Que tipo de princesa eu sou, se nem posso comprar o que eu quero? Além do mais, a minha casa é pequena, feia e bagunçada, muito longe de ser um castelo, e eu tenho de fazer de tudo, até limpar os banheiros e toda a faxina da casa. Nem temos doméstica em casa. Ai, que ódio! Enganaram-me!"

O pior não é somente ela descobrir que não se trata de ser uma princesa. A essa altura, ela poderá ter consolidada a personalidade de superioridade em relação às outras pessoas, sem nenhuma humildade, acrescida de revoltas incontroláveis que poderão resultar em malquerença por todos.

Também não se recomendam elogios da seguinte forma:

- Você é a mais linda da sua classe.
- Você é mais inteligente do que a Júlia.

Nunca fale coisas que alimentem o ego da criança, e jamais a induza a pensar que é mais do que as outras. Se um dia descobrir que não é tão bonita como diziam, será uma decepção, podendo criar até um complexo muito prejudicial na sua vida.

Evidentemente, todas as pessoas, como também as empresas, preferem as pessoas educadas, bondosas, humildes a alguém arrogante e autoritário.

Diz o provérbio oriental que: *"O leão, que é o rei dos animais, prepara o filho para ser forte e rei dos animais, jogando o filho no despenhadeiro."*

Diz também o provérbio: *"Pague para passar por sacrifícios e sofrimentos."*

Na verdade, chamando a criança de princesinha ou de príncipe, você só poderá alimentá-la com valores negativos, que nada lhe acrescentarão de positivo na vida. Portanto, os elogios feitos indiscriminadamente, sem a Sabedoria, acarretarão na formação da vida das crianças. E de modo irreparável. Os elogios sempre devem ter as premissas de extrair a natureza perfeita existente em todas as crianças.

18

OS FILHOS SÃO REFLEXOS DOS PAIS

A partir de agora, a responsabilidade dos pais aumenta perante o filho que já começa a falar, entender e observar tudo. Uma das primeiras palavras que as crianças aprendem é "não", demonstrando certa reação contra quaisquer tipos de colocações feitas, sejam elas um pedido ou uma ordem.

Uma criança de cerca de dois aninhos, já não aceita certas colocações. Imagine, então, tentar educar uma criança maior com broncas ou chamando atenção ou ainda com castigos. O resultado será sempre uma criança inconformada, revoltada, podendo até concluir que os pais não gostam dela.

O professor não pode ensinar aos alunos uma matéria que ele não sabe. Logo, os alunos poderão aprender somente as matérias que o professor conhece. Analogamente, os filhos aprenderão conforme o jeito de ser dos pais. Se insistir em "Faça o que eu falo e não o que eu faço", será o mesmo que mandar o filho comer "pão seco" e o pai comer pudim, dizendo que o primeiro é mais gostoso do que o segundo!

Os filhos aprendem vendo os pais e não com o que os pais falam; por isso, quando tiverem um filho, os pais devem aproveitar a oportunidade de mudar o "EU" e partir para buscar conhecimento em relação à educação, visando a serem verdadeiros educadores, tornando-se um modelo de "paizão" para os filhos.

Uma narração:

Em certa ocasião, quando o meu filho tinha cerca de treze anos, um amigo o convidou para pescar na represa. Eu acompanhei os dois, não para pescar, mas para cuidar da segurança de ambos.

Após algumas horas, eles pescaram alguns peixinhos e decidiram ir embora, levando-os. Eu lhes sugeri que soltassem os peixinhos (na época, não existia a pesca esportiva); o meu filho ficou desapontado e não queria soltar os peixes que pescaram com tanto sacrifício. Eu disse a ele:

– Não vamos matar um peixinho, coitado! Vamos soltá-los no lago e deixá-los viver. – E soltamos os peixes.

Ele ficou muito bravo e inconformado e nunca mais pescou, e hoje ele tem os mesmos conceitos e sentimentos que eu: "todos os seres viventes são irmãos de igual valor". Infelizmente, o amigo dele tornou-se um pescador "roxo" e continua pescando até hoje.

Fim.

Imaginem, caros leitores, se eu fosse um pescador e falasse ao meu filho para não pescar; seria um absurdo, não é mesmo? Alguns pais brigam constantemente e, quando os filhos brigam, dão a maior bronca neles, proibindo-os de brigar! O que dizer diante de uma situação dessas?

Na verdade, todos os fatos que ocorrem nas nossas vidas são uma oportunidade de aprendizado, portanto, não há necessidade de se culpar, se no passado, comportou-se de uma forma errada com os filhos. Basta decidir, de agora em diante, agir da melhor forma possível, baseando-se sempre na Sabedoria Oriental Milenar, para nunca mais errar.

O importante é não ficar no círculo vicioso, marcando os passos no mesmo lugar, sem qualquer aprimoramento e melhoria. É preciso aprimorar-se constantemente, buscando novos conhecimentos, e, sobretudo, preencher o coração com muito amor em relação às pessoas, principalmente em relação às crianças, sempre lembrando a frase: "Vamos cuidar de nossos filhos e também dos filhos dos outros".

Sabemos que existem pessoas que reclamam de tudo, vivem criticando os outros, falando mal dos outros, e tudo é motivo para insatisfação. Elas acham que estão com a razão e não percebem que são infelizes e deixam de viver neste mundo maravilhoso, além de induzirem o filho a ter os mesmos comportamentos.

Caso alguma pessoa viva dessa forma, vamos mudar de agora em diante, vendo somente o lado otimista e positivo das coisas e sempre com amor no coração, para que se propague somente a alegria e o amor para os filhos.

Veja a seguir uma atitude muito prejudicial, que é comum nos dias de hoje.

Tenho visto em site de reclamações, direcionadas principalmente às empresas prestadoras de serviços, colocações ofensivas e maldosas depreciando o estabelecimento com um ponto de vista subjetivo, pelo fato de o cliente não ter gostado do serviço. No mesmo site, também constam elogios e agradecimentos em relação aos mesmos serviços. Fico perplexo quando me deparo com esse tipo de situação. Afinal de contas, qual seria a diferença entre essas duas pessoas? Caro leitor, você saberia responder?

Não se deve nunca prejudicar quem quer que seja principalmente as empresas que proporcionam empregos e contribuem para o bem-estar social e o desenvolvimento econômico do país; além do mais, tudo que você fizer para alguém, bem ou mal, terá retorno de consequências correspondentes, multiplicadas em milhares de vezes.

Quem elogia os serviços que outro depreciou e agradece, no mínimo, possui grandeza na sua alma e amor no coração, e consciente ou inconscientemente, contribui com o crescimento da empresa, para aumentar ainda mais o emprego e contribuir para o desenvolvimento econômico do país.

Algumas pessoas poderão dizer que as críticas são construtivas; podem até ser, porém, em todas elas, o amor está ausente, principalmente quando são acompanhadas de ofensas. Todos os atos sem o respaldo do amor são uma forma de "dar o troco" ou um tipo de vingança.

Com a educação do filho ocorre o mesmo. Dar bronca, bater ou castigar, sem o respaldo de amor, é uma forma equivocada de educar.

Infelizmente, quase todas as pessoas desconhecem as leis da causa e do efeito. Existem alguns indivíduos que esbanjam as malevolências em todos os cantos, sem saber que haverão de colher as consequências inimagináveis do mal cometido, multiplicadas em milhares de vezes, envolvendo também todos os familiares.

A forma mais correta de amar o filho é colocar o amor no coração, nos atos e nas palavras, e eliminar completamente o ódio, a crueldade e a malevolência, para que a família e os filhos possam colher a bondade e o amor que os pais plantaram.

É preciso também criar compaixão e gratulação para com todas as pessoas com quem convivem, e principalmente em relação às pessoas que prestam serviços para você e aquelas que cuidam de seu filho. Essa postura proporcionará benquerença e estima que resultam em bem-estar, êxito e bênção para todos os familiares e principalmente para os filhos.

Outro fator extremamente importante é não criar inimizades com ninguém. Se alguma pessoa estiver com raiva de você, procure harmonizar-se imediatamente com ela, caso contrário poderá acontecer muitas desventuras e infelicidades, principalmente com os filhos, que são os mais sensíveis.

Muitas pessoas temem que alguém "esteja de olho gordo", mas o pior é terem raiva de você, o que pode ser causado pelos seus atos egocêntricos, por suas posturas, ofensas e maldades.

Não é necessário ser intelectual e nem religioso para saber que este mundo é muito bem feito e é perfeito. O Criador deve possuir uma inteligência infinitamente grandiosa e inimaginável.

O Criador que fez o Universo perfeito e magnífico também fez os homens, e deu-lhes o "livre-arbítrio", ou seja, os homens são livres para fazer o que quiser, bem ou mal, e nada lhes acontecerá?

Algumas pessoas poderão pensar dessa forma, mas estão equivocadas; jamais o Criador, com a sua sabedoria, faria um mundo de homens tão imperfeitos e injustos.

Na verdade, todos os atos, todas as palavras proferidas e todos os pensamentos são gravados no Universo, e um dia terá de prestar conta deles e arcar com as consequências positivas ou negativas por longos anos. Independente de acreditar ou não.

Os pais serão como o "espelho" para os filhos. Portanto, a verdadeira educação consiste em tornar os pais um "espelho perfeito", levando-os a utilizar somente palavras de amor, atos de amor, expressões de amor e com o amor no coração, para com todas as pessoas.

19

HARMONIA É O MAIOR ESTEIO DO FILHO

Uma das coisas mais importantes na vida de todas as pessoas é a harmonia no lar. Sem ela, não haverá nem a saúde e nem o sucesso, e muitas desditas da vida serão colhidas e outras mil desgraças acontecerão, como a perda de emprego, a separação do casal, doenças, acidentes etc.

A harmonia é o esteio para todas as pessoas, principalmente para os filhos, que dependem totalmente dos pais.

Dizer que ama os filhos e viver brigando em casa ou em qualquer lugar com qualquer pessoa, gritando no trânsito, praticando atos ilícitos e malfazejos, não se dedicando ao trabalho etc., isso não condiz com o amor que tem com os filhos.

Portanto, de agora em diante, para não ter de colher consequências desagradáveis e terríveis de seus atos, é necessário priorizar a manutenção da harmonia no lar e em todos os lugares, onde quer que se esteja em nome do verdadeiro amor aos filhos.

Como já citado anteriormente, todas as pessoas têm por atribuição aprimorar-se constantemente em todos os sentidos da vida, sendo essa a missão dos seres humanos. Felizmente, eles possuem no seu interior a perfeição, que poderá manifestar-se com esforços e muita dedicação.

A pior coisa para os filhos são as BRIGAS dos pais, que vivem ora gritando, ora ofendendo uns aos outros, criando um ambiente desagradável que causará doenças e inúmeras desgraças para todas as pessoas da família, principalmente para as crianças.

Precisamos ter muita seriedade para estabelecer harmonia no lar, elegendo-o como se fosse o local mais sagrado, onde predomina a alegria, a saúde, a paz, o amor, o respeito mútuo, que serão o maior e melhor esteio para as crianças de qualquer idade.

A maioria absoluta das pessoas não sabe que as brigas são as principais causadoras de doenças, acidentes, carências, separações de casais, adolescentes revoltados e outras desditas da vida.

Infelizmente, conheci muitas pessoas que preferem permanecer nos bares a voltar cedo para a casa. Assim acontece também com alguns adolescentes que preferem ficar na rua a voltar para casa. O lar deve ser um local agradável, aconchegante e, acima de tudo, onde o jovem possa sentir-se amado e ficar à vontade, e nunca uma arena para brigar.

Uma historinha:

Há alguns anos, tomei conhecimento de um adolescente de uma família de classe média, que morava no interior de São Paulo, cujos pais viviam brigando constantemente. Esse garoto comentava com os colegas que não tinha vontade de voltar para casa, devido às brigas dos pais. Um dia, ele foi com os amigos para a praia e nunca mais voltou para casa, conforme a vontade que ele manifestara.

Fim.

Achar que está com a razão ou sentir-se ofendido para brigar, não acrescenta nenhum valor na vida! Os familiares são as pessoas mais importantes do mundo, por isso a sua esposa e os seus filhos são o maior tesouro insubstituível de sua vida. Por favor, não usem palavras ásperas que poderão ocasionar brigas! Usem tão somente palavras de amor, carinho, respeito, atenção, elogios para banir por completo as brigas da face da Terra.

As consequências de uma briga são inimaginavelmente maléficas; por isso, não se deve brigar em hipótese alguma e deve-se manter a harmonia no lar a qualquer custo. Entretanto, não basta não brigar no lar e sair discutindo no trânsito, no restaurante, na loja, no hotel, com o vizinho etc.

Podem acreditar: a pior coisa para os filhos são as brigas dos pais, as quais acabam com a saúde e atraem milhares de fatos extremamente negativos.

O lar não é arena para brigar, reclamar, dar broncas, chamar a atenção de uns aos outros, falar mal dos outros. Deve ser um local de alegria, de amor, de aconchego, onde se possam sentir apoios mútuos e felicidades. É pedir muito?

No lar, deve predominar a HARMONIA. O lar deve ser o local onde todos agradeçam uns aos outros, repetindo constantemente a palavra "obrigado". Devem elogiar uns aos outros por pequenas coisas de bons feitos. Assim, o lar será um verdadeiro paraíso aqui na Terra.

O seu filho merece viver num lar como esse, assim, ele será saudável e jamais adoecerá, tornando-se um filho amável, alegre, inteligente e certamente uma grande personalidade. Quem faz o futuro do seu filho? É você quem o faz!

20

COMO EVITAR AS DOENÇAS DA CRIANÇA

Por ser um assunto extremamente importante, irei explicá-lo da forma mais simples possível, para que todos os leitores possam entendê-lo corretamente.

Evitar que as crianças adoeçam é muito simples, porque dependem única e exclusivamente dos pais, exceto algumas doenças de causas cármicas das vidas passadas e aquelas causadas pelas influências espirituais. Todas as outras são causadas pelo próprio comportamento dos pais.

Tais comportamentos envolvem: brigas, nervosismos, raivas, ódios, ciúmes, medos, preocupações, abalo emocional, doenças dos pais, separação do casal, maltratar a criança, ausência de amor dos pais etc.

Sempre que eu vejo uma criança tomando injeção ou internada no hospital, fico muito inconformado, porque os causadores, que são os pais, deveriam tomar a injeção, e não a criança, vítima da desarmonia conjugal.

Saibam que todos os comportamentos dos pais se refletem imediatamente nos filhos de zero a uma idade de doze a vinte anos, dependendo da idade em que cada filho atinge a maturidade e/ou torna-se independente dos pais.

O estado mental dos pais influencia o estado de saúde da criança. Tal situação se manifesta das mais variadas formas, desde uma simples febre até uma doença incurável, inclusive todos os tipos de doenças contagiosas também. Nada aqui na

Terra acontece ao acaso ou por coincidência; tudo é consequência de uma determinada causa.

As desarmonias conjugais não causam apenas doenças nas crianças; os pais também poderão adoecer, assim como se envolverem em acidentes e outras desditas da vida.

As doenças dos filhos são consequências das brigas, do nervosismo, dos ódios e da malevolência dos pais. Também os próprios pais poderão atrair outras diversas infelicidades, como se envolverem em acidentes de carros, serem vítimas de acidentes causados pela natureza, aliciando diversos problemas e atraindo espíritos malévolos, tudo regido pela lei da natureza.

As brigas são o maior ato maligno da vida, causadas pelo comportamento autocentrado e pelo mau uso das palavras. Portanto, os pais devem ter amor no coração e usar sempre palavras respaldadas no amor e, em hipótese alguma, usar palavras ásperas seguidas de ódio ou raiva.

Saibam que todas as palavras que ofendem as pessoas, assim como as palavras agressivas, retornarão em forma de maldição na sua vida em avalanche de desditas.

Por favor, não brigue nunca mais e viva a vida com mais amor, mais respeito e carinho, sempre com muito amor no coração, principalmente para com os familiares, os filhos e todas as pessoas com quem tiver contato.

Há um provérbio oriental que diz: "*Nem o cachorro não come com as brigas do casal*".

Para acabar com as brigas, você deve usar palavras formais de respeito, amor e carinho, e ter compaixão por todas as pessoas. Nunca chame a atenção de alguém, e nem use palavras que machucam as pessoas. Reconheça os pequenos favores, elogie constantemente as pessoas e demonstre muito amor com palavras e gestos. Não adianta sentir gratidão se ficar quieto, sem manifestá-la.

Comece agora mesmo agradecendo às pessoas que estão próximas de você e elogiando-as; coloque em prática imediatamente e propague harmonia e alegria em todos os lugares onde você estiver presente.

Em um lar onde predomina harmonia e alegria, jamais entrarão doenças e nem desgraças de espécie alguma. Os filhos serão saudáveis, e a única injeção que eles tomarão será somente de imunização.

Em uma das minhas palestras, perguntei à plateia:

– Gostaria de perguntar para a plateia o que é mais importante para você na sua vida?

A maioria das pessoas respondeu que eram os filhos, os pais, a(o) namorada(o), o dinheiro, a casa, o cônjuge.

Eu disse a todos:

– Todos vocês erraram. O mais importante é cada um de vocês e seus respectivos empregos, e a sua saúde. Como seria se o pai ou a mãe ficassem desempregados ou doentes? Portanto, você é a pessoa mais importante para o seu filho.

Um senhor de meia-idade levantou-se e me disse:

– Eu também não quero ficar doente, mas a doença não depende da minha vontade.

Eu respondi:

– Se realmente o senhor gosta de seu filho, não pode ficar doente. O senhor disse que a doença não depende de sua vontade, mas não é verdade. Todas as doenças contraídas durante a vida aqui na Terra dependem única e exclusivamente de sua própria vontade. É muito fácil; basta o senhor não ficar nervoso, não brigar e viver com amor no coração. Muito fácil, não é?

Ele levantou-se novamente e disse:

– Não é possível viver sem ficar nervoso! Todos ficam nervosos!

Eu respondi:

– Por isso todos os hospitais estão lotados. Para amar o filho de verdade, é preciso que não cause nenhum tipo de problemas para ele. Pelo menos, deve viver em plena harmonia, para não ficar doente e também para não causar doenças no filho.

Outro fator muito importante é o emprego ou o seu serviço, para que possa proporcionar a segurança e qualidade de vida para a sua família. Por essa razão, nunca deve negligenciar no serviço. Sem trabalho, não terá dinheiro e, sem dinheiro, por mais que queira comprar algumas coisas para o filho, será impossível. E você diz que ama o seu filho? Que tipo de amor é esse de não ter dinheiro para lhe pagar o mínimo necessário? Há alguma coisa de errado, não?

Uma vez, no Japão, fizeram as mesmas perguntas, e as respostas foram unânimes, afirmando que o mais importante é o emprego.

Aqui no Brasil, foram unânimes em responder que o mais importante é a família. Esta sendo o mais importante, qual é o fator que lhe proporciona uma vida digna, não deixando faltar-lhe pelo menos as necessidades básicas? Não seria o trabalho, o emprego que gera os recursos para sustentar a família?

Essa postura de priorizar o serviço como o mais importante na sua vida faz com que seu desempenho e sua dedicação ao trabalho aumentem cada vez mais, e jamais levará atestado médico para tirar férias extras e nem ficará engazopando ou preguiçando no serviço. Todas as empresas desejam contratar funcionários com um perfil de dedicação.

Neste mundo em que vivemos, existem muitas coisas negativas e aparentemente incontroláveis, como a doença, o acidente, o desemprego, a criminalidade, a briga, a catástrofe e outras desgraças.

Digo aparentemente, devido ao fato de esses acontecimentos serem na verdade falsas imagens criadas pela própria mente em desvios, razão pela qual todos esses fatos não possuem consistência e transmutam constantemente, alterando o cenário a cada instante.

Por outro lado, existe um mundo perfeito, inalterável, de criação original, onde inexiste qualquer tipo de desgraça, doenças e injustiças. Você acredita? Para viver neste mundo perfeito, a primeira condição é acreditar nele e viver de acordo com a Sabedoria Oriental Milenar, que contém a Verdade Milenar, a que poucas pessoas do mundo tiveram acesso.

Embora aparente conotação mística falar-se em Sabedoria Oriental Milenar, não existe nada de misticismo; trata-se da tradução de conjuntos de leis que regem as vidas das pessoas.

Vivendo em plena harmonia, com amor no coração, e assimilando esta verdade milenar por meio da leitura deste livro, poderá viver daqui para frente sem nenhuma doença de qualquer natureza, seja ela incurável ou transmissível.

Para viver neste mundo material, todas as pessoas possuem os cinco sentidos, que formam qualidades sensoriais para viver neste mundo físico. Para viver no mundo perfeito, é preciso direcionar a mente para não ser levado pelas turbulências do mundo material.

Este direcionamento é feito somente com rogativas imbuídas de convicção total, por meio de oração ou mentalização da demanda, ou seja, é preciso sintonizar com impecabilidade do mundo perfeito.

Um exemplo de oração: "*A sabedoria e o amor do mundo perfeito orientam e protegem a minha filha durante o dia de hoje*".

Não faça uma oração equivocada em forma de súplica, pedidos, desejos etc. Também é importante que esteja sempre com sentimento de gratulação e amor no coração, para que a oração seja atendida.

Essa oração deve ser feita diariamente pela manhã, e também é importante ensinar os filhos a fazerem as mesmas orações. Dessa forma, seus filhos serão totalmente saudáveis e estarão protegidos; desde que não invalide a oração com sentimentos de mágoas, desconfianças, preocupações e com brigas.

21

VEJAM SOMENTE A PERFEIÇÃO DA CRIANÇA

Todas as crianças são originariamente perfeitas e deslumbrantes, entretanto, os pais e os educadores devem antever os dois enfoques das crianças, que são:

1. Enfoque aparente, ou seja, da forma como ela está aparentando ou manifestando-se.
2. Enfoque da natureza original da criança, que é perfeita e deslumbrante.

A forma como a criança se manifesta é transitória e não algo definitivo que não muda mais, portanto, debater sobre certo desvio de comportamento e qualificar a criança como problemática é um erro, porque o comportamento é resultante de certas causas que induziram a criança a agir de tal maneira.

A atribuição dos pais, assim como a dos educadores, é direcionar as crianças para que o resultado do ensino seja o padrão esperado, e não tentar apagar o fogo depois que já se causou o incêndio.

Por conseguinte, os pais e os educadores devem ensinar a criança acreditando na sua natureza perfeita na sua origem, extraindo dela as qualidades que estão alojadas no seu âmago, por meio de reconhecimento e da Sabedoria Oriental Milenar.

Por exemplo, tentar corrigir um desvio de comportamento da criança por meio de broncas, castigos, ou com repreensão, não vai melhorar e nem resolver o problema, aliás, muito pelo contrário, poderá estimular ainda mais a criança para deixá-la mais revoltada.

Para resolver o problema, é preciso detectar a causa que motivou a criança a tomar certas atitudes, e as razões estão sempre na educação equivocada dos pais ou dos educadores.

Às vezes, as causas ainda poderão ser as brigas dos pais ou a falta de atenção devida, para compartilhar a vida das crianças com os pais.

É muito comum, nesta vida moderna, os pais priorizarem o trabalho ou as outras atividades sociais ou religiosas, deixando a família em segundo plano, sempre convictos de que estão trabalhando para a família ou para as causas justas de salvar as pessoas.

Infelizmente, esse comportamento está completamente equivocado. Trabalhar mais para aumentar os recursos financeiros e comprar um carro melhor não seria para o bem da família, além de causar um grande transtorno para a criança, que poderá sentir muita falta dos pais e ficar inconformada e revoltada.

Trabalhar para alguma organização religiosa, deixando a família em segundo plano e ausentando-se do convívio com os filhos, é um grande equívoco que poderá gerar muitos problemas futuros com os filhos. Com certeza, Deus não quer dessa forma.

A educação é acreditar e visualizar a natureza perfeita de uma criança e fazer com que se manifestem essas qualidades já existentes. Entretanto, alguns pais não fazem a sua parte e nunca estão em casa, que seria uma pequena parcela de responsabilidade e atribuição dos pais!!! O que dizer diante de uma situação dessas?

Infelizmente, há alguns pais que vivem em conflito com o filho, sempre o condenando pelas atitudes divergentes, segundo o conceito dos pais. Na verdade, os filhos crescem vendo os pais, portanto, são eles próprios que estão direcionando o filho para um desvio de comportamento. Neste caso, os pais devem refletir e procurar aprimorar-se em todos os sentidos para servir de exemplo para os filhos.

Por favor, adote a Sabedoria Oriental Milenar para cuidar de seu filho e divulgue este livro a fim de solucionar o problema de desvios de comportamento dos filhos, vítimas da postura equivocada dos pais.

Na verdade, não existe criança ruim ou revoltada, na sua essência; o que existe é a forma como a criança se manifesta, de acordo com os fatos que a motivaram a tomar tais atitudes.

A educação não se trata de informar de fora para dentro, como se estivesse "enchendo o saco" com alguma coisa; trata-se de trazer à tona as qualidades existentes no interior das crianças por meio de amor, utilizando a força de palavras, a sabedoria e o amor.

Todas as crianças possuem inteligência e bondade no seu âmago. Basta permitir que exteriorizem todas essas qualidades, acreditando em cada ato positivo da criança e elogiando-a.

Não há mais necessidade de ficar bravo, dar lição de moral ou ficar preocupado com a forma como a criança age. Na verdade, se tentar corrigir os erros que a criança cometeu, por qualquer que seja o método, vai agravar ainda mais o lado negativo dela. O segredo da educação da Sabedoria Oriental Milenar é enaltecer todos os atos corretos para ampliá-los cada vez mais com atitudes construtivas, até que desapareça totalmente o lado negativo da criança.

Na maioria dos casos, a instabilidade emocional dos pais que enfrentam mil problemas fora de casa, acaba sobrando para os filhos em forma de broncas. Por essa razão, a educação do filho que se direciona somente para a criança não resolverá o problema. A Sabedoria Oriental aborda o sucesso profissional, o aprimoramento, a saúde, a segurança e a felicidade dos pais, e a forma correta deles viverem, para que todos esses valores se reflitam nos filhos.

Tanto a criança como o adulto manifestam-se exatamente da mesma forma como serão reconhecidos. Se uma pessoa for conceituada como ruim, manifestará o aspecto da ruindade; se acreditar que a pessoa é bondosa, ela se manifestará como uma pessoa bondosa. Portanto, nunca se deve julgar a pessoa pela aparência, e saiba que todas as pessoas, no seu âmago, são maravilhosas.

De agora em diante, você deve acreditar que o seu filho é perfeito e maravilhoso, em todos os sentidos, e usar a força do amor para que o filho manifeste cada vez mais a perfeição existente no seu âmago.

22

PAPAI, MAMÃE, NÃO ADOEÇA

Agora que os filhos chegaram, os pais não devem adoecer em hipótese alguma, e também jamais poderão se dar ao luxo de ficar desempregados, pobres, envolverem-se em acidentes de carro, serem vítimas de catástrofe, condenados, e outras infelicidades. É impossível? Claro que não; tudo depende de conhecer ou não as causas dessas desventuras, aqui na Sabedoria Oriental Milenar.

Dizer que amam os filhos e não se dedicarem ao trabalho, adoecer, brigar, sofrer acidente de carro etc. não está amando o filho de verdade, ou os pais estão sendo muito equivocados por não saberem que os filhos não esperam apenas o amor deles, mas também querem que os pais sejam saudáveis, ricos, amorosos, vencedores e perfeitos, que nunca sejam vítimas de acidentes ou de quaisquer outras desgraças, e que sejam honestos e respeitados por todos.

Para os filhos, o mais importante são os pais saudáveis e bem-sucedidos, por isso, os pais têm uma grande responsabilidade e também um comprometimento com os filhos, para que possam assegurar o bem-estar da família em todos os sentidos da vida. Essa responsabilidade e o comprometimento devem ser redirecionados ao seu trabalho, aos seus relacionamentos, ao seu modo de viver no dia a dia, para que o resultado da vida seja positivo.

A Sabedoria Oriental Milenar diz que amar os filhos é não lhes causar tipo algum de mágoas e nem de transtornos. Educar os filhos é uma oportunidade para buscar intensamente os conhecimentos das leis da vida e viver de acordo com elas. A educação não se trata de corrigir os desvios de comportamento das crianças, usando artimanhas psicológicas e tampouco recorrendo às palavras.

Os filhos seguem os mesmos delineamentos dos pais, ou seja, os pais serão como um espelho, e os filhos, reflexo no espelho; por essa razão os pais devem constantemente aprimorar-se, sendo um exemplo para os filhos.

Alguns leitores poderão questionar: ninguém perde o emprego porque quer e ninguém jamais pretende contrair uma doença e muito menos envolver-se em acidente trágico por sua própria vontade! Isso é verdade, estou de pleno acordo, entretanto, o fato de não querer perder o emprego, de não querer empobrecer, de não querer ser vítima de acidentes é um sonho, um devaneio sem consistência alguma, além de ser um enorme equívoco que poderá ocasionar resultados totalmente contrários de querença, conforme as regras da natureza.

Talvez alguns leitores também possam dizer que ninguém deseja qualquer tipo de desgraça, assim, as doenças, os acidentes e outras desditas são pertinentes à vida das pessoas e não dependem de querer ou não querer, e todas as pessoas estão sujeitas a determinadas desventuras!

Desculpem-me as pessoas que assim pensam, mas estão totalmente equivocadas. Não conhecer os segredos da vida e afirmar que não tem jeito, não implica ser precipitado e jogar fora a oportunidade de conhecer a veracidade das coisas?

Por mais que não acredite nas colocações acima, não existe outra forma de cuidar dos filhos com total proteção, com os pais ainda se tornando imunes a quaisquer adversidades, a não ser que siga as "dicas" da Sabedoria Oriental Milenar, que revelam os segredos da vida, aos quais pouquíssimas pessoas do mundo tiveram acesso.

Para as pessoas que não conhecem a informática, é "bicho de sete cabeças". Muitas coisas que no passado eram impossíveis, hoje são absolutamente normais, fruto de constante desenvolvimento tecnológico.

Por outro lado, quando se trata de leis da natureza que regem a vida de todas as pessoas, é muito complicada a aceitação por ser algo aparentemente místico, invisível, impalpável, e continua sendo "bicho de sete cabeças" no que tange às curas de muitos tipos de doenças.

Vivemos em uma época onde a tecnologia é muito avançada, porém, no que se refere às Leis da Vida, à educação correta dos filhos, há muitos pontos que precisamos buscar na Sabedoria Oriental Milenar, para que as pessoas possam viver felizes sem quaisquer desditas.

Estas Leis da Vida são muito simples, porém é preciso aprendê-las, acreditar nelas e viver em conformidade com elas, para que as pessoas possam viver felizes, saudáveis, prósperas e imunes a outras infelicidades da vida.

Entre todos os animais, os homens são os que têm a inteligência infinitamente superior à de quaisquer animais. Entretanto, contraem doenças, misérias, envolvem-se em acidentes e em outras infinidades de infortúnios da vida. Sabem por quê?

Os homens utilizam uma parte de sua inteligência para falar mal dos outros, para brigar, para ofender, para prejudicar as pessoas e também para ficar nervosos, com raiva, ódio, medo preocupação etc., e, no âmbito coletivo, provocam guerras, atrocidades, causando enormes dores e infelicidades para um grande número de pessoas.

Essas são as causas de todas as desgraças, dos infortúnios, das doenças e dos acidentes. Sabem por quê?

É devido às justiças estabelecidas pelo Criador, para correção dos desvios de comportamentos dos homens, e direcionando-os para serem verdadeiramente "humanos".

Não há segredo algum e nem misticismo para viver uma vida sem adoecer, assim como para viver feliz, sem envolvimento com desgraças; basta eliminar os sentimentos malévolos e viver com amor, carinho, respeito e compaixão para com todas as pessoas, sempre com o coração preenchido de gratidão, praticando atos de amor e de compaixão.

Para consolidar a felicidade dos filhos, desejo que todos os leitores sigam essas "dicas" da Sabedoria Oriental Milenar, para serem saudáveis e viverem protegidos contra quaisquer desditas da vida, e que sejam muito felizes, para oferecer amparo e segurança aos seus filhos, o que é a forma mais correta de demonstrar-lhes o amor.

23

ENSINEM A CRIANÇA A SER ÚTIL

Embora todas as crianças possuam qualidades positivas e puras, é preciso que lhes ensinem constantemente a postura correta em relação à família, falando-lhes sobre sua atribuição e sobre os atos de amor ao próximo.

Todos os pais desejam o melhor para os filhos, porém não basta desejar; é preciso que os pais tenham comportamentos complacentes que resultem em benfazejo para os filhos. Desejar o melhor para os filhos e ter comportamentos avarentos é o mesmo que abraçar o gelo e desejar o calor.

Popularmente dizem que "O filho do pato será outro pato", o que quer dizer que o filho será igual aos pais.

Baseando-se nessa sabedoria popular:

- Precisamos traçar o perfil de um filho ideal em relação à família.
- Definir o perfil do filho ideal em relação à sua atribuição.
- Determinar o perfil ideal do filho na sociedade.

Perfil de um filho ideal em relação à família

Os filhos precisam saber, em primeiro lugar, que o mais importante na vida é ter respeito incondicional pelos pais, seguidos de amor profundo e gratidão total.

Ter respeito é saber usar as palavras com primor e amabilidade, demonstrando por meio delas total respeito e afeto. Esse comportamento não se trata de simples desejos ou apenas de um comportamento ideal; trata-se de uma "regra" da natureza que disciplina as condutas de todas as pessoas; acreditando ou não, sabendo ou não. É uma regra Incontestável, Onipresente, Onisciente e Onipotente; por esse motivo, os filhos que desprezam, ofendem, agridem e sentem ódio pelos pais, jamais serão felizes em todos os sentidos da vida.

Naturalmente, todos os pais vão querer um filho maravilhoso, mas não pensem que possam ensiná-lo por meio das palavras, apenas dizendo-lhe que é preciso amar os pais.

1. Os pais devem viver em harmonia com o seu cônjuge, isto é, sem brigar.
2. Os pais devem viver em harmonia com os seus pais, amando-os e respeitando-os.
3. Os pais devem amar e respeitar os ancestrais da família, orando sempre e/ou realizando missas em memória deles.

Perfil de um filho ideal em relação à sua atribuição

Ninguém veio a este mundo para passear, descansar, roubar, sofrer, adoecer etc. Todos têm as suas atribuições, e para cumpri-las plenamente é preciso preparar-se da melhor forma possível, orientando o filho e mostrando-lhe o caminho correto que deve ser seguido, por meio dos exemplos.

Por favor, eduque os seus filhos com a Sabedoria Oriental Milenar, para que eles se tornem líderes em qualquer área em que atuarem.

Os pais devem ensinar os filhos a estudar como se esta fosse uma atividade de lazer, sempre os elogiando para que sintam prazer em estudar, devido ao prêmio (elogios) que recebem toda vez que estudam.

Todas as crianças possuem os mesmos níveis de inteligências, com exceção de certas habilidades mais desenvolvidas em algumas crianças do que em outras, devido a certas atividades que exerciam nas vidas passadas.

Uma vez, em uma das palestras, uma senhora reclamou que seu filho de nove anos não sabia nem escrever, apesar de estar cursando o terceiro ano do Ensino Fundamental.

Eu expliquei a ela que não existe criança burra, e que caberia a ela fazer com que o filho passasse a gostar do estudo.

Ela disse que é impossível fazer o filho estudar e que lhe faltavam alguns parafusos na cabeça.

Eu lhe disse, em tom de brincadeira, que não faltava parafuso algum nele, porque eu mesmo não tenho parafusos na cabeça. Falei a ela que pegasse o caderno do filho e elogiasse qualquer rabisco que se parecesse com uma letra. Alguns meses depois, a mesma senhora me ligou dizendo que o filho escrevia perfeitamente, e agradeceu-me pelas "dicas".

A educação não é forçar a criança a estudar e muito menos encher a cabeça dela com montes de informações. A educação consiste em trazer à tona a inteligência que já existe em todas as crianças, por meio de elogios e de muito amor, sempre acreditando que todas as crianças são inteligentes. Essa é a forma de Educação da Sabedoria Oriental Milenar.

Não estamos propondo criar um computador andejo; por esse motivo, é preciso que ensine a criança, paralelamente, a ser muito gentil, educada e benevolente. Sabem como? É muito fácil; basta elogiá-la frente a cada ato benfazejo, dizendo-lhe: "Como você é bondoso, educado, amável etc.".

Dessa forma, a criança será cada vez mais benevolente, amável e bondosa, sendo invejada por todos, e inevitavelmente será uma pessoa muito importante na sociedade. Logicamente, se os pais viverem brigando e forem malévolos, podem acreditar, os filhos serão iguais a eles.

Perfil ideal do filho na sociedade

A Sabedoria Oriental deseja uma pessoa na sociedade que seja educada, amável, benevolente, honesta, bondosa, caridosa, tolerante, gentil, benéfica etc. Neste caso, também os pais devem ter as condutas direcionadas para o bem, mostrando-se fraternos, benévolos, úteis às pessoas e jamais praticando atos agressivos, desonestos, que venham a prejudicar as pessoas, bem como jamais querendo levar vantagens, magoando os outros.

Vamos lembrar novamente que este mundo é regido pela regra de causa e efeito, para estabelecer a justiça no mundo dos homens.

Todos os atos, sejam eles positivos ou negativos, trarão consequências multiplicadas em milhares de vezes. Por exemplo, se você fizer qualquer tipo de maldade para quem quer que seja, haverá consequências com sofrimentos inimagináveis, por meio de doenças, desditas e desavenças, que poderão envolver também todos os familiares. Por essa razão venho citando constantemente para viver praticando somente o bem, com o sentimento de amor pelas pessoas, principalmente pelos seus pais e familiares, em primeiro lugar.

Infelizmente, a maioria absoluta de pessoas nunca relaciona as desavenças ocorridas na sua vida como consequências dos seus atos equivocados do passado. Dessa forma, continuam levando a vida sem qualquer melhoria na sua conduta, e jamais saberão da causa verdadeira das desditas que colhem, e vivem sempre culpando os outros.

Os acontecimentos que ocorrem na vida, sejam eles bons ou ruins, são apenas a colheita do que a pessoa plantou, e não tem como ficar culpando os outros.

Doenças, acidentes, perda de emprego e outras mil desditas, inclusive a saúde de todos os familiares, o sucesso, a sorte, a riqueza, a felicidade etc. são resultados de seus atos, e não há razão para que fique culpando o chefe, a empresa, a crise econômica, o motorista que bateu no seu carro, a má sorte, o vírus da gripe, o desvio de comportamento do filho etc.

Resumindo, são as regras de causas e efeitos que estabelecem as consequências de todos os atos dos homens, da seguinte forma:

Quem faz o BEM, recebe muitos BENS.

Quem faz o MAL, recebe muitas DESGRAÇAS.

Logicamente, todos os pais desejam coisas boas para os filhos. Mas desejar apenas não basta; é preciso que os pais tenham comportamentos que resultem nisso. A educação é feita com exemplos, e não com palavras como: "faça o que eu falo e não o que faço".

Ensinem os filhos a serem úteis às pessoas. Como? É muito fácil; basta os pais trabalharem para serem úteis às pessoas. Veja, no próximo capítulo, a figura de mãe ideal.

24

SEJA A MÃE IDEAL

Agora que se tornou mãe, vamos ver a figura de mãe ideal.

Mãe ideal é como o sol que clareia, brilha e aquece todas as pessoas sem discriminação, como se fosse o amor materno. O sol não reclama, não espera por reconhecimento, não discrimina ninguém e vivifica todos os seres viventes, animados ou inanimados.

A mãe ideal é aquela figura maravilhosa, cheia de amor, que irradia alegria, carinho e delicadeza em todos os lugares onde estiver presente.

No lar, a mãe ideal é um verdadeiro sol que aquece todos os familiares com afetuosidade, carinho, estabelece harmonia, alegria, e o amor faz com que aquele lar seja o local mais aconchegante e agradável.

A mãe ideal é educada, atenciosa, feminina, meiga, humilde, alegre, bonita, sorridente, atenciosa, inteligente, carinhosa e sempre fala com muito amor.

A mãe ideal ama os pais, os ancestrais, o marido, a natureza, as plantas, os animais, os parentes e, principalmente, os seus filhos e também os filhos dos outros.

A mãe ideal não reclama, não briga, não grita, não dá bronca, não chama atenção do marido e nem dos filhos, não discute, não fala mal dos outros, não tem ciúme, não espera elogios, não ofende os outros, não fica nervosa...

A mãe ideal respeita o marido, os avôs, os professores, os filhos, os funcionários do estabelecimento comercial, e respeita todas as pessoas com quem mantiver contatos.

A mãe ideal cozinha muito bem com amor, veste-se bem, gosta de ler bons livros, procura estudar sempre e aprimorar o seu nível de amor.

A mãe ideal agradece aos alimentos, ao lar, ao marido por ter voltado cedo para casa, por ter pago as contas no banco, por ter trazido dinheiro para casa, agradece aos filhos os pequenos gestos de bondade e os elogia toda hora.

A Sabedoria Oriental parabeniza a mãe ideal, aquela que estabelece harmonia e alegria no lar, tornando-o um verdadeiro paraíso. E no paraíso não haverão de entrar doenças, infelicidades, desgraças, desarmonias e nem acidentes.

Esta é a forma de viver feliz da Sabedoria Oriental Milenar; é o modo de viver muito agradável que proporcionará saúde e felicidades para todas as pessoas da família. Essa forma de viver não se compra com dinheiro algum, aliás, é preciso que as pessoas comprem este livro, que acrescentará muitos valores inestimáveis à sua vida. Quer fazer alguém feliz? Presenteie-o com este livro.

25

VEJAM SOMENTE AS QUALIDADES POSITIVAS DE SEU FILHO

Saibam que todas as pessoas, sem exceção, inclusive as crianças, possuem algo infinitamente maravilhoso no seu âmago, como a bondade, a inteligência, a capacidade, o amor e a perfeição, que poderão se manifestar ou não, dependendo da forma como é conduzida a educação.

Se acreditar que a criança é ruim e não tem jeito, ela se manifestará dessa forma, por isso, é importante conhecer que todas as crianças possuem, no seu íntimo, somente qualidades positivas. Para trazê-las à tona, use as palavras de amor, por exemplo: *"Você é muito boazinha e obediente, por isso eu gosto muito de você"*.

Sempre que houver a oportunidade de elogiar, elogie quantas vezes for necessário, e nunca se apegue a alguns desvios de comportamentos, para dar uma bronca na criança.

Visualizar o lado ruim dela e tentar corrigi-lo é o mesmo que segurar o gelo e tentar aquecê-lo; nesse caso, você deve soltar o gelo para não sentir o frio, ou seja, não veja o lado ruim da criança e acredite sempre que todas elas são bondosas, inteligentes e possuem infinitas qualidades boas; então, comece a elogiá-las, mesmo que os bons atos sejam ainda pequenos. Assim procedendo, o lado ruim da criança desaparecerá gradativamente e ela se tornará maravilhosa em pouco tempo.

Da mesma forma, se aplicar esse mesmo método para os adultos, acreditando que é uma pessoa maravilhosa, assim será. Por outro lado, se tiver o conceito de que é má pessoa, ela se tornará cada vez pior, manifestando o seu lado ruim.

O complexo também é uma forma de limitação feita pela própria pessoa, e não vem de deficiências em relações às outras pessoas, sendo resultado de autobloqueio; por essa razão, é preciso saber que todos os seres humanos possuem infinitas capacidades.

Uma narração:

Uma moça que aparentava aproximadamente vinte e cinco anos, muito linda e muito bem-vestida, me procurou após a palestra e me disse:

– Professor, há alguns anos eu tenho varizes na minha perna esquerda, o que, além da dor, tornou a minha vida um inferno; não posso usar saia nem frequentar piscina ou ir à praia, com vergonha de mostrar a minha perna com varizes. Tenho até vontade de morrer! Professor! Será que tem algum jeito de ficar livre dessas varizes?

Eu perguntei a ela:

– Você é uma pessoa muito linda e maravilhosa, certamente você tem namorado?

– Sim! Eu tenho namorado, mas o problema é a minha perna!

– Ok! Deixe-me perguntar-lhe mais algumas coisas. Pelo que eu vejo você enxerga bem, ouve bem, não tem problema para andar e você estuda?

– Sim, professor! Mas problema não é esse! O que atormenta é a minha perna esquerda, que está muito feia e eu sinto muita dor!

Eu disse:

– Um momento! Existem muitas pessoas que não têm namorado, não enxergam, não ouvem, não conseguem andar, não têm emprego... Você tem tudo isso, além de muitas coisas que a maioria das pessoas não tem, e ainda reclama da vida, dizendo que tem vontade de morrer? A falta de gratidão a todas as coisas boas que você tem está ocasionando varizes na sua perna! A partir de agora, agradeça, com o profundo sentimento de gratidão, a todas as coisas boas que você tem, e agradeça principalmente ao seu pai, com muito amor e carinho, perdoando incondicionalmente quaisquer atos que desaprove, e esqueça por ora as varizes que estão incomodando-a.

Após algumas semanas, ela me ligou agradecendo e contando que as varizes sumiram e estava muito feliz, principalmente por ter feito as pazes com o pai, com quem não conversava há alguns anos.

Fim.

Visualizar somente o lado positivo e enaltecê-lo com amor, assim, os problemas negativos desaparecerão gradativamente, até se manifestar a perfeição total.

Se elogiar e enaltecer as bondades e as qualidades da criança, manifestam-se todas as características positivas, tornando-se maravilhosa em todos os sentidos.

26

VOCÊ GOSTA DE GANHAR BRONCA?

Acredito que ninguém goste de ganhar uma bronca, nem mesmo às crianças, que são vítimas de broncas intermináveis e constantes, não gostam de broncas. Normalmente, as broncas, no bom sentido, são dadas com intuito de corrigir um desvio de comportamento, e há pessoas que dizem que a bronca é um ato de amor, para ensinar e educar as crianças.

Quando a esposa dá bronca no marido, ou vice-versa, também seria um ato de amor? Para ensinar e educar? Acredito que não! A bronca, como diz a palavra, é assentada na raiva, na queixa, na implicância, acompanhada de alteração emocional. Por essa razão, saibam que é uma forma equivocada de querer ensinar, corrigir ou educar, além de provocar a repulsa e a aversão.

Veja um exemplo que presenciei:

Uma vez, quando estava em uma casa de família, em certo momento o menino derrubou o copo que estava no canto da mesa. A mãe imediatamente ralhou com ele gritando. O menino retrucou dizendo:

– Por que deixou o copo aqui?

O menino acabou apanhando! E ele ficou reclamando, inconformado, com muita raiva da mãe. Infelizmente, trata-se do resultado de uma bronca com atitude inabilitada, induzida pela raiva momentânea, com total ausência de amor.

Fim.

Veja outro exemplo:

Uma vez, a minha netinha de quatro aninhos derrubou um pirex contendo muitos garfos, quando estava tentando pegar um deles. O pirex, ao cair no chão, espatifou-se, provocando um enorme barulho; ela ficou assustada e imobilizada no meio de cacos de vidro e garfos, esparramados em torno dela. Imediatamente corri até ela e retirei-a do meio dos cacos de vidro, abraçando-a, e dizendo-lhe:

– Calma! Calma! Não foi nada! Não foi nada! – E continuei abraçando-a até ela parar de tremer. Depois de alguns minutos, disse a ela: – Má, agora você sabe que o vidro quebra, quando cai no chão, não é mesmo? – E dei-lhe mais um abraço, batendo nas costas dela. Não precisa dar-lhe uma bronca e nem chamar-lhe atenção, pois ela sabia que fizera algo de errado. A bronca é um ato impiedoso de repreender a criança que está arrependida pelo erro.

Algumas horas depois, quando estava levando-a para a casa dos pais, no carro ela me disse:

– Vovô, eu adoro você! Muito!

Esta é a minha adorável Má.

Fim.

Nunca se deve dar uma bronca e nem chamar atenção da criança, e muito menos em um adulto; bastará conversar em forma de trocar ideias. Não há necessidade de gritar, ofender, repreender, criticar, porque a criança, ao cometer um erro, já sabe de antemão que fez algo de errado.

Se o pai gritar com a criança, sabe o que ela vai sentir?

Sentirá o mesmo que você sentiria ao receber uma bronca de alguém. Certamente não vai adorar a bronca; no mínimo ficará revoltado, e ninguém deseja um filho revoltado, certo?

Veja outra narração:

Uma vez, eu estava na casa de minha netinha, Má, juntamente com alguns convidados da casa. Em certo momento, a mãe disse:

– A Má está assustada!

Um dos convidados falou:

– Ela deve estar com medo de receber uma bronca do vovô!

Eu respondi imediatamente:

– Eu nunca lhe dei uma bronca!

A mãe respondeu em tom de gracejo:

– Sempre há uma primeira vez! Não é mesmo?

Eu não respondi nada e pensei comigo mesmo: "Não! Não! Nunca haverá a primeira vez!"

Fim.

É muito fácil educar a criança; basta não fazer com ela o que não gostaria que fizessem com você! E faça somente o que gostaria que fizessem com você, por exemplo, elogiar, não gritar, não dar bronca, não chamar atenção, respeitar, não brigar, falar com amor, viver em harmonia no lar, alegria etc. Viu só, não é muito fácil? Por favor, cuide de seu filho com a Sabedoria Oriental Milenar, e nunca terá problemas com ele, e seu filho ainda poderá tornar-se uma grande personalidade recebendo esse tipo de educação.

27

ENSINE A CRIANÇA A AGRADECER AOS PAIS

Aqui nesta vida terrena, todos os homens são totalmente dependentes uns dos outros; pessoa alguma, mesmo com toda a inteligência que possui, não conseguirá sobreviver sozinha, sem depender de ninguém. Na verdade, estamos sendo vivificados por grandes números de pessoas do mundo todo, para vivermos com todas as maravilhas existentes da vida moderna.

Entre todas as pessoas do mundo, as mais importantes são seus pais, a quem se devem maiores favores, pois nascemos neste mundo vindo deles, além de recebermos incontáveis provimentos da vida, tendo todas as nossas necessidades satisfeitas, até nos tornarmos independentes.

A escolha de nascer neste mundo e em determinada família foi da própria vontade de cada pessoa, seguindo a lei de compatibilidade; por essa razão, não tem como reclamar dos pais, ou achar que nasceu contra a vontade ou foi um mero produto da relação sexual dos pais.

Agradecer aos pais, respeitá-los e amá-los não é um dever; trata-se de uma obrigação regida pela lei do Criador, portanto, não haverá justificativas ou motivos que isentem o filho de negligenciar o relacionamento amistoso com os pais. O bom relacionamento com eles é a ponte de ligação com os ancestrais, que levará aos braços de amor do Criador. Não haverá outra forma ou outro caminho para viver feliz.

Existem algumas pessoas que vivem em conflitos constantes com os pais e dizem que frequentam a igreja por serem religiosas e sempre pede a bênção de Deus, o que é um absurdo.

Visando à felicidade dos leitores, saibam que existem coisas que não enxergamos, ainda que todos nós saibamos da existência de fenômenos que não conseguimos ver, embora nem tudo possa ser mostrado e nem comprovado.

Por exemplo, não podemos mostrar fisicamente a existência da regra da natureza que rege sobre todos os seres humanos. Essa lei determina a importância dos pais em premissa, ou seja, para os filhos, os pais são as figuras mais importantes, portanto, a lei determina que os filhos devam amar e respeitar incondicionalmente os pais em primeiro lugar, caso contrário estariam contra a lei do Criador.

Você pode amar e respeitar uma multidão de pessoas, porém, se não respeitar seus pais, não adianta orar, pedir a bênção de Deus, frequentar a igreja; nunca será feliz e haverá de colher muitas desditas na vida.

Existem pessoas que vivem achando que cada um é livre para fazer o que quiser e nada lhe acontecerá, mas estão equivocadas. Neste mundo em que vivemos existem as leis do Criador que estabelecem as justiças que regem em todos os seres humanos. Essas leis são: Onipresente, Onisciente e Onipotente.

Na verdade, este livro da Sabedoria Oriental Milenar transmite somente as veracidades da vida dos homens, as quais regulam as vidas dos seres humanos.

Conhecendo a verdade e vivendo de acordo com ela, os seres humanos poderão desfrutar todos os benfazejos da vida, considerados milagrosos por muitas pessoas.

Uma das atribuições mais importante dos seres humanos, segundo essas leis, é amar e respeitar os ancestrais, incondicionalmente, antes de expressarem qualquer que seja o desejo. Essas leis da vida devem ser transmitidas para os filhos por meio de exemplos e não de palavras, ou seja, os pais também devem amar e respeitar seus próprios pais e seus ancestrais. Quer saber como?

Por favor, não estranhe o que será colocado a seguir, por se tratar de Sabedoria Oriental Milenar, que é muito diferente da nossa cultura ocidental, porém não vejo outra forma de agradecer e demonstrar o amor e carinho pelos nossos ancestrais.

Existem muitas pessoas que visitam constantemente o túmulo; parabéns a elas que estão demonstrando amor pelos falecidos. Entretanto, os ancestrais, como falecidos que atingiram o estado de iluminação, não estão mais no túmulo do cemitério e cumprem a sua missão no mundo espiritual muito elevado.

Existem também pessoas que realizam missas na igreja, porém, com o tempo, acabam esquecendo e só se lembram dos ancestrais nos finados, visitando o túmulo uma vez por ano. Parabéns às pessoas que fazem missas na igreja. Estas representam um cerimonial público que, além de agradar os ancestrais, constituem uma homenagem oficial, como se fosse um cerimonial de casamento. Entretanto, não só de casamento vivem os casais. Da mesma forma, os ancestrais querem amor, carinho e respeito da família, para participar diariamente na vida dos descendentes, ora orientando, ora protegendo, como se fossem um membro da família.

Por essa razão, é fundamental que se faça um contato diariamente com os ancestrais, diante do oratório (vale adquirir um oratório, para ser um local de contato com os ancestrais), pelo menos uma vez por dia, oferecendo-lhes oração (que poderá ser a leitura deste livro que contém a verdade), cerca de trinta minutos por dia, e oferecendo-lhes café, frutas, arroz, doces etc. no oratório.

Muitas pessoas dão risada quando conhecem esses costumes orientais de oferecer alimentos no cemitério e também no oratório, dizendo que os mortos não comem, e zombam desses costumes extremamente importantes em relação aos falecidos da família.

Gostaria de perguntar para essas pessoas: quando uma pessoa morre, a vida não morre e continua vivendo sem o corpo carnal, e se, em vida, passou muitos anos comendo três vezes por dia, deixar o corpo carnal de repente e continuar vivendo em forma de espírito. Este não vai sentir mais fome? Claro que vai senti-la durante longos anos, até perceber que não precisa comer os alimentos materiais. Quando lhes oferecemos alimentos, os espíritos alimentam-se das "vibrações energéticas dos alimentos" e ficam satisfeitos, além de sentirem gratidão devido aos familiares terem oferecido alimentos para eles. Os espíritos elevados, que não precisam de alimentos, sentem muita gratidão pelo amor dos descendentes que lhes ofereceram alimentos.

Mantendo relacionamentos diários com os ancestrais dessa forma, receberá deles proteção, orientação, auxílios para todos os familiares, em todos os sentidos. Assim sendo, se os pais viverem desse modo, demonstrando respeito pelos ancestrais, certamente os filhos também respeitarão os pais.

Os filhos que souberem dar o devido valor para os pais, respeitando-os e amando-os, infalivelmente receberão muitas graças na vida, como saúde, proteção, felicidade, sucesso, e serão enaltecidos pelos ancestrais e receberão a bênção do Criador deste Universo.

28

POR FAVOR, CUIDEM DE SEU FILHO COM SABEDORIA ORIENTAL MILENAR

A maioria das pessoas desconhece que possui a infinita capacidade e perfeição no seu interior, e vive uma vida de restrição, carências, limitação, doenças, desarmonias, medos, tristezas, insônias, depressões, raivas, problemas com a educação dos filhos etc.

Antigamente, os carros apresentavam muitos problemas no motor, nos freios, na embreagem, no câmbio, no carburador, na parte elétrica etc. Os carros de hoje dificilmente apresentam problemas, sabem por quê? Logicamente todos sabem que houve um intenso estudo e aperfeiçoamento constante, aprimorando a tecnologia de fabricação de veículos, solucionando diversos problemas aparentemente insolúveis em épocas passadas.

Da mesma forma que sanaram muitos problemas antes insolúveis do carro, também é possível solucionar os problemas pessoais de saúde, carência, segurança, desarmonia, depressão, ódio etc., por meio de estudos intensos da Sabedoria Oriental Milenar.

Muitos indivíduos desconhecem que, neste mundo em que vivemos, existem as regras da natureza de causa e efeito que regulam as vidas de todas as pessoas, independentemente do fato de a pessoa ser rica ou pobre, influente ou não, religiosa ou não, intelectual ou analfabeta; e vivem prodigalizando o livre-arbítrio, uma liberdade aparente de fazer o que bem entender, brigando, roubando, cometendo crime, causando prejuízos, vinganças, ódios, abusando das crianças e praticando outras malevolências; infelizmente!

Este mundo em que vivemos foi criado por uma inteligência infinitamente grandiosa, que jamais faria um mundo imperfeito, onde cada um faz o que quiser e não acontece nenhum tipo de consequência. Muitas pessoas pensam que existem somente as leis dos homens que aplicam as penalidades somente quando algo for descoberto e condenado, mas estão equivocadas.

Saibam que todos os atos, por menores que sejam, terão consequências que estabelecem a justiça no mundo dos homens. Talvez se possam burlar as leis dos homens, porém as leis de causa e efeito jamais poderão ser enganadas. De certa forma, as leis da natureza estabelecem consequências absolutas, inimaginavelmente rigorosas e aterrorizantes em relação às leis dos homens.

Na verdade, este mundo em que vivemos é constituído de tal forma que permite a realização de todos os pensamentos, estejam eles no seu corpo, na sua vida, no ambiente em que se vive, enfim, tudo é efeito causado pelo seu pensamento. Os pensamentos resultam na sua saúde ou na sua doença, na riqueza ou na sua pobreza, no sucesso ou no seu insucesso, no envolvimento em acidentes ou em sua proteção, enfim, tudo é fruto de seu pensamento e sua conduta.

A grande maioria das pessoas vive em dependência exclusiva dos seus cinco sentidos, mas estes são órgãos sensoriais extremamente limitados para se viver neste mundo material, e não acreditam na existência de leis que regem todos os seres humanos.

Para que possamos viver felizes, prósperos, sem adoecer, com saúde, e viver uma vida próspera e com total proteção, precisamos transmitir essas verdades para os filhos, como o mais importante legado da vida. Mas como pode ser feito? É muito simples; basta os pais estudarem o conteúdo de todos os livros da Sabedoria Oriental Milenar e viver em conformidade com as verdades neles expressas.

Já foi citado neste capítulo que é preciso estudar a verdade, aprimorando-nos constantemente para que possamos manifestar a perfeição em nossas vidas. Afinal, você merece e também é o seu direito recebido de Deus para se viver muito feliz sem contrair doenças, infortúnios, desgraças; levando uma vida abençoada e com proteção total.

Resumindo de uma forma muito simples, o modo de viver da Sabedoria Milenar é muito fácil, simples e, acima de tudo, é muito agradável e gratificante. As verdades são extremamente complexas, porém podem ser resumidas, a saber:

- Seja alguém muito, muito legal com todas as pessoas.
- Nunca fique nervoso em momento algum e nem por alguns segundos.
- Aprenda a perdoar às pessoas imediatamente, assim estará perdoando a si próprio.
- Nunca pense em coisas negativas e nem acredite em coisas ruins.
- Crie o hábito de pensar positivo, principalmente quando está com problemas.
- Não comente e nem ouça comentários sobre doenças e nem tenha medo delas.
- Quem cria as doenças é o seu pensamento e a sua conduta maléfica.
- Eleve constantemente o seu nível de amor.
- Nunca, jamais, faça coisas erradas e atos de ruindade para prejudicar alguém.

- Tome muito cuidado para nunca ferir as pessoas com palavras e atitudes.
- Em primeiro lugar, respeite e ame seus pais incondicionalmente.
- Crie hábito de agradecer o seu corpo, a sua visão, as suas pernas, o seu coração etc.
- Faça diariamente a oração de gratidão para seus ancestrais e para Deus.
- Agradeça pela manhã, ao acordar, a proteção de seu filho e seus familiares.
- Leia no mínimo um capítulo do livro A Sabedoria Oriental por dia, antes de dormir.
- Seja um bom exemplo para seus filhos. Os filhos aprendem vendo os pais.
- Acredite, se você ficar com sentimento de amor, Deus se manifestará através de você.
- Acumule méritos praticando atos de bondades e seja útil ao maior número de pessoas.
- Acredite que você possui capacidade e inteligência infinitamente grandiosa.
- Não esqueça, lembre-se que o seu pensamento bate no espelho e retorna para você.
- Se você gosta de seu filho, cuide bem dele e também cuide bem dos filhos dos outros.
- Repita as frases abaixo, diariamente e diversas vezes por dia:
    - Todos os dias e em todos os sentidos a minha vida está cada vez melhor.
    - Obrigado, Deus, por proteger todos os meus familiares no dia de hoje.
    - Obrigado também por proteger a minha filha durante o dia de hoje.

- Quando estiver dirigindo: "A Sabedoria Infinita me protege e me orienta constantemente".
- Quando houver problemas graves: "Este caso será resolvido pela ordem de Deus".

Ensinem essas pequenas orações para os seus filhos, o que trará resultados infalíveis, desde que acompanhadas de amor no coração.

Ambiciono que este livro acrescentará muitos valores positivos na vida dos leitores, e desejo que lhes proporcione muitos sucessos, riquezas, harmonias, saúde, felicidades, e propagando as verdades da Sabedoria Milenar a um grande número de pessoas, com a ajuda de todos os leitores.

29

A FAMÍLIA

A família é a base, a estrutura, o alicerce, o sustentáculo, o amparo dos filhos e também de todos os seres humanos. A família representa um sistema organizacional de um conjunto de pessoas do mesmo sangue, da mesma descendência, o que significa geração ou agrupamento de pessoas que procedem de um mesmo tronco.

O sistema organizacional da família é semelhante ao sistema organizacional de uma empresa. O que seria de uma empresa onde ocorre a quebra do sistema organizacional? Da mesma forma o que ocorre quando há quebra da organização na família?

A família, em idioma japonês, é "Kazoku", onde "Ka" é a casa e "zoku" é o agrupamento de pessoas, ou seja, a família é um conjunto de pessoas que moram debaixo do mesmo teto. Na verdade, esta é a dedução do ideograma do símbolo da palavra "Kazoku", que não representa o sentido da família na sua totalidade.

O significado da família, de acordo com a Sabedoria Oriental, é muito mais amplo; imagine uma argola de uma corrente como uma geração. A corrente é composta de argolas e argolas; da mesma forma, a família é composta de gerações e gerações. Portanto a "família" não se limita somente àqueles que moram sob o mesmo teto.

Quero dizer que a família são todas as argolas que compõem a corrente, envolvendo os descendentes e os ascendentes. Caro leitor, você saberia dizer de onde se inicia essa corrente de ascendência? Da mesma forma saberia dizer quem nasceu primeiro: o ovo ou a galinha?

Voltando ao início da origem de todas as coisas, no princípio houve uma criação e não um surgimento casual, fortuito ou mutação. O Criador personificado recebeu o nome de "Deus".

O início das nossas gerações é o Criador, portanto, todos os nossos ancestrais, incluindo o Criador, fazem parte de uma família inseparável. Na verdade, todos os seres humanos da face da Terra são irmãos do mesmo Criador, formando uma grande família, por isso acho que Jesus chamava Deus de "Oh! Pai que estais no céu".

Portanto, a ausência de amor e de respeito pelos familiares implica negligenciar o amor de Deus. Ame o pai, ame a mãe, ame os filhos, ame o marido, ame a esposa, ame os avôs, ame as netinhas, ame os ancestrais, ame o genro, ame a nora, ame todos os familiares, ame todos os parentes e ame todas as pessoas, ame todos os seres animados e inanimados, principalmente, ame em primeiro lugar, com toda a devoção, o Criador que deu início às nossas vidas.

Não haverá uma vida feliz para os filhos que não amam os pais. Os pais representam o Criador e também todos os ancestrais, por isso, se o filho não amar os pais, não haverá consonância com os ancestrais e muito menos com Deus. É o mesmo que uma argola chamada filho separar-se de outras argolas da corrente, tornando-se apenas uma argola e não a corrente que simboliza a estrutura organizacional de uma família composta de ancestrais e Deus, que criou todos os seres da face da Terra.

Também é atribuição dos pais amar e proteger os filhos e seus descendentes. Os pais que não cuidarem dos filhos estarão quebrando o advir de novas gerações, criando para si uma situação pecaminosa, contrariando as leis Divinas e a vontade de todos os ancestrais.

30

ACUMULEM AS VIRTUDES NA VIDA

Antigamente, nos países orientais, principalmente no Japão, falava-se muito em acumular a virtude (prática do bem) para ter mérito (merecimento) positivo em todos os sentidos da vida. Por outro lado, existem pessoas que acumulam malefícios (prática do mal), sem saber que haverão de colher muitas desditas na vida.

Sabemos que existem muitos fatos que não dependem de nós, os quais causam muitas infelicidades, sofrimentos, infortúnios, doenças, carências e outras desditas.

Na verdade, na vida, tudo é resultante do mérito; tudo que a pessoa tem ou conseguiu durante a vida é por merecimento, seja a riqueza ou a pobreza, a saúde ou a doença, a felicidade ou a infelicidade.

Vamos pensar um pouco no sentido de "acumular a virtude" (prática do bem). Praticar o bem expressa certo sentido de generosidade, seguido de magnanimidade, impraticável para uma pessoa comum; porém é muito fácil praticar o bem, mesmo que não se tenha dinheiro, nem estudos e mesmo que não seja uma pessoa influente ou prestigiada.

A prática do bem deve ter a premissa fundamentada no amor absoluto e sincero. Tudo que se faz com amor para outras pessoas, principalmente para os pais, o cônjuge, os filhos, os familiares, os parentes, os colegas, para todas as pessoas que prestam serviços diretos ou indiretos, assim como para todos os seres animados e inanimados, torna-se uma virtude.

Todo e qualquer ato que proporcione o “Bem” para outras pessoas, por menor que seja ele, não deixa de ser a prática do bem, que resulta em acúmulo de virtude. Todo ato que envolve espera por reconhecimento, assim como a recompensa ou interesse, não tem mérito de virtude.

Saibam que todos os acontecimentos que ocorrem na vida da pessoa são o resultado correspondente ao seu mérito, ou seja, ela está colhendo o fruto que plantou, e não tem como culpar outra pessoa por ter provocado o acidente, o chefe por ter demitido, ou por ser vítima de catástrofe provocada pela natureza, ou por todos os tipos de doenças, acidentes, dissolução do matrimônio, doenças do filho etc.

Viver com astúcia, sempre levando vantagem, ora causando prejuízo para terceiros, ora ofendendo ou dirigindo as palavras para ferir o sentimento das pessoas, ora brigando, ora praticando atos ilícitos, e ainda achar que está vivendo com perspicácia.

Muitas pessoas não sabem que um dia terão de pagar por todos os atos malignos, acrescido em milhões de vezes, com dor e sofrimentos inimagináveis, envolvendo também os familiares. Depois não venha reclamar ou culpar os outros pelas sucessivas colheitas de infortúnios na vida.

Para que as pessoas possam viver felizes, livres de doenças e desgraças de qualquer natureza, é preciso ter méritos positivos. E estes são resultados de virtudes acumuladas durante a vida.

A partir de agora, para que possam viver uma vida digna e honrada, imune de qualquer tipo de doença e de desgraças, precisam encarar o dia a dia com muita seriedade, para não machucarem alguém com palavras aguçadas ou com uma postura ofensiva ou agressiva.

Para acumular a virtude, em primeiro lugar, é preciso consolidar o mais alto nível de amor em sua mente e coração.

Para tanto, é fundamental criar o sentimento de gratulação e reconhecer tudo o que tem de positivo na sua vida, mesmo que considere que é normal.

Por exemplo, o fato de ter a família, poder enxergar, andar, ter saúde, emprego, nunca ter faltado os alimentos para sua família, ter a casa para morar, poder tomar o banho todos os dias, poder tratar os dentes etc. São infinidades de fatos que devemos reconhecer e agradecer infinitamente.

Existem milhões de fatos que aparentemente são normais, porém para muitas pessoas não o são. Sabemos que existe muita pobreza, doenças, desgraças, crianças passando fome, guerras, cegueiras, pessoas que não conseguem andar, brigas, sofrimentos inimagináveis.

Agradeça a todos os tipos de alimentos, a todas as pessoas que estão trabalhando para produzir os bens de consumo, ao seu cônjuge, aos seus filhos, às vendedoras, aos feirantes, aos seus pais, às empresas que prestam serviços de hospedagem, às lojas de artigos de consumo, às águas, às frutas, ao sol, à chuva, às roupas, aos meios de transporte, até criar um sentimento profundo de gratidão.

O sentimento profundo de gratidão cria o sentimento de amor, e o sentimento de amor consolida a base para criar a virtude na vida, o que estabelece o bem-estar dos homens.

Não use jamais palavras que ofendam as pessoas, assim como palavras que firam o sentimento das pessoas em hipótese alguma; não pense que está com a razão. As razões, neste caso, não valem para nada! Servem somente para atiçar ainda mais a briga. Aquele que ferir o sentimento ou que provocar a briga estará acumulando o mérito negativo, independentemente de ter ou não razão.

A raiva, o ódio, a maledicência e a mentira criam o sentimento maligno, e este consolida a desordem no tecido celular, provocando o desenvolvimento de malignidade nos órgãos. Não deixe que esse sentimento tome conta de sua mente, para que não chegue a afetar os órgãos de seu corpo.

Haverá possibilidade de reverter a malignidade, anulando completamente o sentimento maligno e substituindo-o por sentimento benigno; se conseguir realizar essa troca, a desordem maligna passará a ser instantaneamente benigna.

A postura maligna não provoca tão somente as doenças graves, mas criará vítimas de infinidades de desditas na vida, como envolvimento em diversos tipos de acidentes trágicos, assim como em tragédias causadas pela natureza. Aqui na vida nada é casual ou mera coincidência; trata-se de uma lei de afinidade (semelhança) que rege em nossa vida humana.

Lembre-se de que cada ato de maldade que fizer, querendo prejudicar, criticando as pessoas ou o serviço utilizado e, principalmente, objetivando tornar públicas essas críticas malignas, desencadeará a colher muitas desditas na vida e longos anos de padecimentos.

A inteligência dos humanos deve ser usada tão somente para o bem e nunca para fazer maldades. Saiba que existem as leis que regem em todos os seres humanos para estabelecer a justiça Divina aqui na Terra e também no mundo espiritual.

Na verdade, a nossa vida é a extensão da vida do Criador, e não mutação do animal selvagem, portanto, a nossa missão é a de viver manifestando todas as qualidades do Criador, razão pela qual todos os nossos atos devem estar embasados sempre no mais profundo amor.

Se quiser ser feliz, é preciso que faça as pessoas felizes; se quiser viver com amor no coração, é preciso amar as pessoas.

Essa é a educação dos próprios educadores, a qual deve resultar em exemplos para a educação dos filhos. Não haverá forma de educar o filho se o próprio pai não estiver preparado para educá-lo.

Esta é a educação da Sabedoria Oriental Milenar; por favor, eduque seus filhos com a Sabedoria Oriental Milenar.

FIM

Contato com o autor:
marcosakio@yahoo.com.br